抖音
营销实战

群◎编著

清华大学出版社
北京

内容简介

本书是一本关于抖音营销的书籍，全书共分为 12 章，内容包括全面认识抖音、抖音营销技巧、抖音拍摄技巧、如何在抖音吸粉引流以及抖音内容定位和变现 5 个部分。

本书内容全面，详细讲解了从认识抖音平台→营销技巧→视频拍摄技巧→为账号引流→实现变现的全部过程。同时，书中还展示了大量的营销实例并通过图文对应的方式，帮助读者真正学以致用。无论是个人播主、企业运营者，还是自媒体、电商卖家、种草达人、微商以及想要从事抖音营销工作的人员都可以从本书中获益。

图书在版编目 (CIP) 数据

抖音营销实战 / 杨群编著 . —北京：清华大学出版社，2021.3（2023.2 重印）
ISBN 978-7-302-57226-8

Ⅰ . ①抖… Ⅱ . ①杨… Ⅲ . ①网络营销 Ⅳ . ① F713.365.2

中国版本图书馆 CIP 数据核字 (2020) 第 260279 号

责任编辑：李玉萍
封面设计：李　坤
责任校对：张彦彬
责任印制：丛怀宇

出版发行：清华大学出版社
   网　　址：http://www.tup.com.cn，http://www.wqbook.com
   地　　址：北京清华大学学研大厦 A 座   邮　　编：100084
   社 总 机：010-83470000   邮　　购：010-62786544
   投稿与读者服务：010-62776969，c-service@tup.tsinghua.edu.cn
   质 量 反 馈：010-62772015，zhiliang@tup.tsinghua.edu.cn
印 装 者：小森印刷霸州有限公司
经　　销：全国新华书店
开　　本：170mm×240mm 印　张：20.75 字　数：332 千字
版　　次：2021 年 4 月第 1 版 印　次：2023 年 2 月第 2 次印刷
定　　价：59.80 元

产品编号：086223-01

前　言

▶ **编写目的**

随着网络社交的不断发展，各种社交平台上的娱乐越来越丰富多彩，大家已不满足于文字上的交流，逐渐向短视频方面扩展娱乐方式，其中尤以抖音短视频最受大家的关注和喜爱。而随着抖音短视频的火爆，随之而来的不仅仅是娱乐方式的改变，还有巨大的流量。

在网络营销盛行的今天，巨大的流量是绝对不容忽视的，所以抖音短视频的流量已成为网络营销的重点，想要从网络营销中获得收益的人都纷纷入驻抖音，希望能从中分一杯羹。

抖音营销的热度居高不下，一是抖音平台为各入驻用户提供了不同的营销模式，并用最新的"流量池"算法筛选优质的视频内容；二是抖音的内容式营销与传统的广告营销不同，抖音播主不用付出多少成本就能获得意想不到的收入，人人能参与，而且很容易引起连锁反应。

对于入驻抖音的播主来说，面临的最大问题就是如何进行抖音营销。这个问题要从两个方面来考虑，其一是播主应该对抖音平台有全面的了解，了解内容主要包括平台基本规则、营销活动和热门播主等。

其二是抖音播主应该专注于个人的视频内容及营销方式，因为抖音平台上获得巨大流量的视频一般都有几个常见的特点，即有趣、有价值、新潮和有技术性。为了帮助抖音营销播主提高视频制作的水平，认识基本的营销技巧，我们编著了本书。从认识抖音开始到最终的流量变现，全面地讲解了抖音营销的全过程，具体有以下几个特点。

特　点	说　明
内容实用 实践性强	本书对营销方法的讲解均有实例对应，通过对营销成功的账号进行分析得出实用的营销方法，所以具有很强的实践性
操作步骤 分步呈现	本书介绍了一些在抖音平台上营销的必要操作，每一步操作都图文对应，并加上标注，读者可以对应图文在抖音 App 上分步完成
图片展示 认清实例	选取抖音平台上营销成功的案例进行截图，为读者展示，以便读者理解实际的营销手法，更好地进行实际操作

▶ 本书结构

本书共分为 12 章，包括全面认识抖音、抖音营销技巧、拍摄技巧、吸粉引流以及内容定位和变现 5 个部分，具体内容如下。

部分	主要内容
认识抖音	该部分为本书的第 1 章，主要介绍什么是抖音、抖音的界面功能和如何注册抖音账号，其中包括抖音营销、抖音的实用新功能和加 V 认证等内容
营销技巧	该部分为本书的第 2 ~ 5 章，主要介绍抖音营销的常见技巧、内容设计、提高品牌知名度和打造抖音爆款企业号，包括抖音营销植入、内容设计准备工作、玩转蓝 V 企业号、不同行业的营销关键以及抖音的爆款产品等内容
拍摄技巧	该部分为本书的第 6 章，主要介绍视频拍摄准备、抖音视频的拍摄流程、拍摄与制作小技巧和剪辑软件，包括选择拍摄设备、搭配适合的背景音乐、通过网格功能来构图、添加时间特效以及使用 VUE Vlog 视频编辑软件等内容
吸粉引流	该部分为本书的第 7 ~ 9 章，主要介绍通过抖音直播来吸引粉丝，利用抖音引流扩大受众面以及如何为抖音账号吸引更多粉丝，包括开通直播权限、直播小技巧、跨平台引流、通过互动留住粉丝和找到人性的弱点来吸粉等内容
内容定位和变现	该部分为本书的第 10 ~ 12 章，主要介绍找准内容定位、通过复盘改变抖音账号的营销战略以及实现营销变现，包括定位抖音账号的风格、进行用户定位和复盘流程等内容

▶ 本书读者

本书特别适合抖音平台上的相关人员，包括个人播主、企业运营者，同时也适合自媒体、电商卖家、种草达人、微商以及想要从事抖音营销工作的人员阅读。

由于编者经验有限，加之时间仓促，书中难免会有疏漏和不足之处，恳请专家和读者不吝赐教。

编　者

2021 年 1 月

目　录

第 1 章　全面认识抖音

第 2 章　如何通过抖音进行营销

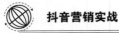
第 3 章　抖音内容设计攻略

第 4 章　使用抖音提高品牌知名度

第 11 章　通过复盘改变抖音账号的营销战略

第 12 章　变现才是抖音营销的最终目的

全面认识抖音 ·第1章··

要说现在最火的短视频软件是什么？那么非抖音莫属了，从抖音横空出世以来，其长期霸占话题榜，热度非同一般，不仅让很多普通人摇身一变成为网红，也给了很多商家、企业以宣传的入口。不过首先我们只有好好了解了抖音，才能更好地利用抖音。

➤ 抖音基本介绍　　　　　　➤ 抖音为什么让人欲罢不能

➤ 抖音营销　　　　　　　　➤ "首页"界面功能

➤ "关注"界面功能　　　　 ➤ "消息"界面功能

➤ "我"界面功能　　　　　 ➤ 抖音的实用新功能

➤ 注册抖音的基本步骤　　　➤ 什么是蓝V认证

1.1 什么是抖音

由于影像技术的发展，国内出现了很多音乐短视频软件，这类短视频软件克服了传统 MV 个人拍摄困难的问题，给很多用户提供了展现自己生活的平台，其中最火爆的就是抖音。

1.1.1 抖音基本介绍

抖音，是一款可以拍摄短视频的社交软件，集创意、社交、传播和营销于一体。该软件于 2016 年 9 月上线，用户以年轻人为主，用户可通过抖音选择歌曲，拍摄音乐短视频，形成自己的作品，如图 1-1 所示。

图 1-1　抖音短视频作品

抖音配乐以电音、舞曲为主，视频多分为两派：舞蹈派和创意派，当然也有使用抒情音乐展示视频的用户。一般来说，抖音视频的内容偏好可从以下两个方面来认识。

◆ 热门视频元素：明星、萌宠、萌娃、高颜值达人和热门歌曲。

◆ 热门视频类型：实用教学、才艺展示、身份识别、高效视频和明星视频。

对于抖音这款短视频软件，我们只有了解清楚其基础功能，运用起来才会得心应手，如表 1-1 所示为抖音基础功能。

表 1-1　抖音基础功能

功能	基础介绍
素材上传	支持图片和视频的上传，支持手机相册视频的上传，不限制视频规格，上传后系统会进行适配。但对时长有限制，普通用户以 1 分钟为限
评论管理	用户可在其他用户发布的内容下进行评论，也可对自己发布的内容下的评论进行删除
用户互动	抖音用户可以进行互动，主要方式有加关注、点赞、评论、转发（至站内好友或第三方平台）、内容下载和站内聊天等

1.1.2　抖音为什么让人欲罢不能

"一小时前我就说过只看 3 分钟就退出的！"

"这是我第 99 次说要卸载抖音。"

"一晚上都在刷抖音，结果什么事也没有干！"

从微博到抖音，互联网产品的兴起通常会以难以想象的速度快速蔓延，自从 2016 年 9 月上线后，抖音一时间火爆了全国，被大多数年轻用户所接受。为什么抖音会让人如此沉迷，原因有以下几点。

（1）迎合时代特性

手机可以说是现代社会最常用的娱乐工具，年轻一辈更是出现了很多低头族，通过手机放松自己。而比起大段文字信息，短视频的出现无疑带来了一场新的革命，影像的刺激无疑更大。

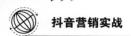
（2）明星效应

抖音吸引了不少明星进驻，瞬间就带来了大量流量。

（3）低门槛参与

抖音是全民参与的软件，不设任何门槛，而且利用短视频更好操作、成本更低的优点，解决了很多用户的麻烦。用户体验好，用户数量自然就增多了。

（4）各种参与模式

有参与性的活动，更能带动用户的积极性。就像学生时代参加运动会一样，抖音通过带有 PK 性的录制模式，让不同用户产生自我创造的动力。

（5）碎片化场景

现代人的生活被学习、工作以及琐事占据，变得高度碎片化，很多人都只能利用碎片化的时间休息，而抖音一分钟短视频就是利用碎片化场景方便用户录制和观看视频。

1.1.3 抖音营销

随着网购的兴起，现在的商业推广不再是在电视上打打广告就可以了。在网络上，流量大代表看的人多，看的人多则推广率就高。所以，以抖音为主的短视频平台成为又一个推广营销的工具。

截至 2019 年 1 月，抖音国内日活跃用户（DAU）已经突破 2.5 亿，月活跃用户（MAU）突破 5 亿。所以抖音营销已成为商家的首要选择，越来越多的商家或个人用户通过抖音卖货、推广品牌。

不少个体户、农民和小店铺主都利用抖音进行销售，如下例所示。

范例借鉴

陕西洛川的一位苹果大叔通过抖音一年卖出 40 万斤苹果。这位苹果大叔因为了解到抖音平台上可以卖货，于是便在抖音上注册了一个账号，每天拍摄视频，向关注者展示苹果种植及管理的过程，慢慢吸引粉丝关注。随着粉丝越来越多，这位苹果大叔的苹果销售量大增。目前，洛川苹果大叔有近 3 万的粉丝，获赞数有近 30 万。现在苹果大叔不仅能卖光自己的苹果，还能帮助全村的人一起卖苹果。

除了个体户之外，越来越多的品牌也都意识到抖音的营销价值，开始入驻抖音，包括联想、奥迪、快看漫画、支付宝、美团网、网易云课堂、小米手机、卫龙辣条和海澜之家等，如图 1-2 所示。

图 1-2　品牌入驻抖音

从图 1-2 中我们可以看到，品牌入驻抖音后，获得了数十万、数百万的粉丝，这是非常巨大和惊人的流量。所以进行抖音营销有两大关键的益处。

①传播品牌。以低成本做一个视频就可以传播品牌，而且只要内容有亮点，传播量就会非常大。

②直接卖货。通过视频宣传产品还是一种间接的营销方式，而现在抖音上可以直接卖货，和以前的电视购物一样，其每月销售量最低都有几万单。更不用说很多网红通过直播卖货，一天就可以售出几万单，如图 1-3 所示。

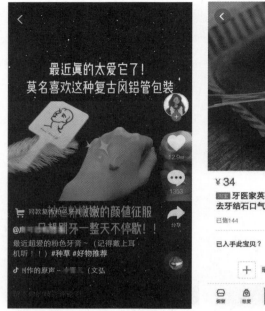
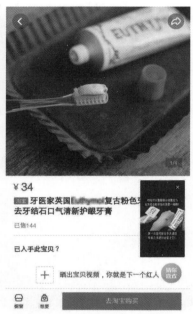

图 1-3　直播卖货

1.2　抖音的界面功能

作为一款视频软件，抖音为用户提供了不同的页面，每个页面都有各自的功能，这些功能可方便用户进行操作，只有了解了抖音各界面的功能，才能完成我们想要的操作。

1.2.1　"首页"界面功能

打开抖音后，首先进入首页界面，首页上为我们展示了不同用户的视频内容，让新用户也能快速进入抖音的世界。首页界面的按钮很多，每个按钮都有不同的功能，下面我们一起来认识一下。如图 1-4 所示的是抖音的"首页"界面。

图 1-4　"首页"界面

如图 1-4 左图所示的是抖音的"首页"界面，在进入抖音后我们第一眼看到的就是该页面，系统会随机展示不同用户的视频内容，向下滑动页面会跳转到其他的视频内容上；而右图所示的向左滑动则会跳转到该视频发布者的主页页面。

首页页面中的按钮分别有什么作用，下面我们来一一进行说明。

🔍 **按钮。** 点击搜索按钮就会进入搜索界面，在文本框中输入感兴趣的内容就能看到相关视频。在搜索界面还有"猜你想搜""热点榜""明星榜"等分类榜单，按类别对热门内容进行排列，使用户可以快速浏览热门内容，如图 1-5 左图所示。

📺 按钮。 点击页面右上角的直播按钮，就会进入直播广场，对正在进行直播的视频内容进行展示，用户可以选择感兴趣的内容点击进去观看。

👤 按钮。 点击该按钮可以进入视频用户的主页页面，点击红色的"+"按钮可以直接关注该用户。

♥ 按钮。 该按钮是点赞按钮，下方的数字是当前视频的点赞数，点击该按钮可对该视频点赞。

按钮。点击评论按钮，会弹出评论页面，能看到不同用户对该视频的评论，还可在下方的文本框中输入想要表达的话来发布自己的评论，如图 1-5 右图所示。

图 1-5　搜索界面和评论页面

按钮。点击分享按钮会弹出"分享到"页面，可将该视频内容分享到自己的主页中或是其他第三方平台上，如图 1-6 左图所示。

按钮。点击该按钮，就可进入拍摄界面，我们可以制作自己的视频。在拍摄界面中可以选择拍摄时长和拍摄道具，如图 1-6 右图所示。

图 1-6　分享页面和拍摄页面

1.2.2 "关注"界面功能

一般来说，我们打开抖音进入的首页为"推荐"页面，"推荐"页面的内容是系统为我们推送的，也许并不是我们想要的。因此抖音设置了"关注"页面功能，只展示我们关注账号的视频内容，如图1-7所示。

图 1-7　关注界面

点击首页上方的"关注"按钮，就能切换到"关注"页面，如图1-7所示为不同关注者的视频内容，该页面与首页功能一致，可以对视频进行点赞、评论或分享。

1.2.3 "消息"界面功能

抖音除了有发布视频的核心功能之外，还有与其他用户互动的基本功能。我们可以通过"消息"界面对接收到的各种信息进行管理。

在首页下方点击"消息"按钮，即可切换到"消息"界面，如图1-8左图所示。

图 1-8 "消息"界面

点击"消息"界面右上角的"发起聊天"按钮，即可进入"选择互关好友"页面，选择相应的好友即可进行聊天，如图 1-8 右图所示。

在"消息"界面中有 4 个主要的按钮："粉丝""赞""@ 我的"和"评论"，点击相应的按钮即可查看和管理该部分内容。

1.2.4 "我"界面功能

要想更快地融入抖音，除了浏览其他用户的视频之外，还要对自己的账号进行设置和打理，才能吸引到更多的关注者，而设置账号资料的操作在"我"界面进行。

在首页点击"我"按钮跳转到个人中心，可以看到自己发布的作品、动态，还能了解获赞数、关注人数和粉丝数，然后可对相关资料进行设置，如图 1-9 左图所示。

个人简介可直接在账号下的文本框中编辑，如图 1-9 左图所示，也可点击"编辑资料"按钮，进入"编辑个人资料"页面，对头像、简介、学校、性别、生日和地区等进行编辑，如图 1-9 右图所示。

图 1-9 "我"界面

在"我"界面中还可以设置背景图，点击"去设置自己喜欢的背景图吧"按钮，会弹出如图1-10左图所示的菜单，选择相应的命令，即可添加个人中心的背景图片。

在"我"界面中点击右上角的▤按钮会弹出另一个菜单，在该菜单中包含"个人名片""我的收藏""钱包""服务"和"设置"等功能，可进行相关操作，如图1-10右图所示。

图 1-10 弹出菜单

1.2.5 抖音的实用新功能

相信很多用户都有"一入抖音深似海"的体验，刷抖音刷到忘记时间，每天都睡得很晚。为了提高用户体验，抖音开启了短视频软件的"时间管理"功能，以提醒用户注意时间。

"时间管理"系统也被称为"防沉迷系统"，是专门为使用抖音时间过长的用户准备的。那么新用户应如何设置该功能呢？首先要找到"时间管理"系统的位置，才能进行相关设置。

进入"我"界面，点击右上角的■按钮，在弹出的菜单中找到"未成年保护工具"命令，选择该命令即可进入"未成年保护工具"页面，该页面提供了3个功能，分别是"时间锁""儿童／青少年模式"以及"亲子平台"，如图1-11左图所示。

选择"时间锁"功能进入下一个页面，通过阅读页面中的文字可以了解时间锁的设置方法，如图1-11右图所示。

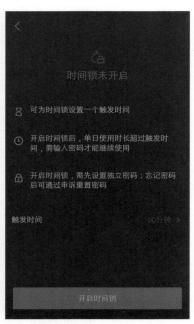

图 1-11 "时间锁"页面

在该页面设置"时间锁触发时间"，可供选择的触发时间有"40 分钟""60分钟""90 分钟"和"120 分钟"，如图 1-12 左图所示。

选择好触发时间后，点击"开启时间锁"按钮即可进入"设置密码"页面，如图1-12右图所示。这里的密码位数为4位，输入后点击◀按钮进入下一步操作。

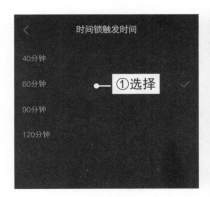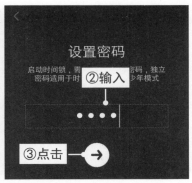

图 1-12　设置触发时间和密码

输入密码后，对密码进行确认，即可成功开启时间锁功能，如图1-13所示。开启该功能后，如果想要关闭，输入密码确认即可。

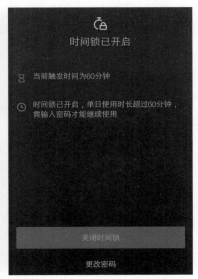

图 1-13　确认密码

1.3 如何注册抖音账号

了解了抖音的一些基本功能后，正式入驻抖音还需要注册一个属于自己的抖音账号，而为了营销推广自己的账号，最好能够申请蓝 V 认证，下面来看一下具体内容。

1.3.1 注册抖音的基本步骤

作为抖音的新用户，只有注册了抖音账号才能在抖音平台上发布视频内容，而注册抖音账号有几种不同的方式，包括手机号码注册、今日头条、QQ、微信和微博，用户可选择合适的方式完成抖音账号的注册，如图 1-14 左图所示。

图 1-14　登录界面

一般来说，为了操作简便可以选择手机号码注册，输入手机号码获取验证码即可快速注册并登录。登录后需要用户完善资料，包括上传头像、输入名字、选择出生日期和性别，如图 1-14 右图所示。

　　设置完毕后，就自动进入抖音首页界面了，跳转至个人主页后，就可以看到自己设置的抖音名字和抖音号了。

1.3.2　什么是蓝 V 认证

　　很多大众的社交平台都会有账号认证系统，像微博有金 V、蓝 V，平台一般通过这些认证来区别账号的服务范围，提升账号的权重，不同的认证在平台中享受的功能是不一样的。

　　而抖音蓝 V 的认证不但有蓝 V 标志，还有如表 1-2 所示的账号特权。

表 1-2　蓝 V 特权

特权	具体内容
独特外显	尊贵蓝 V 标志：公示企业身份，彰显企业价值。 搜索昵称置顶：全昵称搜索置顶，流量导入更直接。 昵称唯一保护：企业昵称唯一，不受冒牌困扰。 认证信息公示：展示企业信息，加大公示力度。 优质视频置顶：优质内容置顶，流量利用更高
营销转化	外链按钮：支持跳转外链，个性内容展现。 电话呼出组件：一键电话呼出，快速获取转化。 商家：主页独有商家 TAB，企业信息综合展示。 商品单页：展示商品详情，页面直接转化。 DOU+：高效加热视频，提升互动关注
客户管理	企业自建 crm：线索转化持续跟踪，管理客户省时省力。 私信自动回复：私信实时自动回复，不错过每一个客户。 评论管理优化：评论置顶 / 优化管理，有益评论登顶热门。 自定义菜单：聚合自定义菜单，满足差异化需求。 消息管理：设置客群标签，实现精准营销
数据沉淀	主页数据：主页访问数据，获取目标客群。 视频数据：视频互动数据，优化内容方向。 运营数据：可视化成长曲线，运营效果更直观。

续表

特权	具体内容
数据沉淀	竞品数据：垂直行业数据，随时掌握趋势。 粉丝数据：洞察目标群体需求，轻松提高转化效率

1.3.3 申请"蓝V认证"要具备哪些资质

许多企业或店铺为了提高品牌的推广度，都会积极地申请抖音的"蓝V认证"，不过在申请认证前需要准备好认证所需的材料，以免审核不合格而浪费时间。认证所需材料具体如下。

①提交账号信息对应的企业营业执照正面彩色扫描件或照片（仅支持大陆工商颁布的最新版营业执照，确保完整清晰，并确认证件在有效期内）。

②需要提供"认证申请公函"，填写好基本信息后加盖公章（可在抖音认证页面下载填写《官方认证申请公函》，上传清晰无残缺扫描件），如图1-15所示。

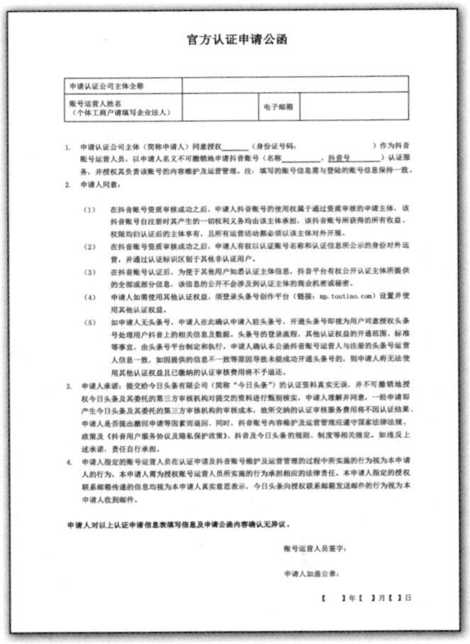

图1-15　官方认证申请公函

③其他材料。用户名称、认证信息需体现特定内容，因此网站需提供 ICP 备案查询截图，商标需提供商标注册证，手机应用需提供软件著作权证，游戏需提供版号以及商品需提供其他品牌授权文件等。

 小贴士

在申请认证时，需要在抖音系统内上传相关材料的图片或扫描件，而抖音系统对上传图片的规格进行了相关规定：推荐尺寸为 800×800，支持 jpg、png、jpeg 和 bmp 格式，大小不超过 5MB。

另外，申请"蓝 V 认证"要缴纳企业认证审核服务费，600 元 / 次，需要注意即使认证失败审核服务费也是不退还的。

1.3.4　如何申请"蓝 V 认证"

准备好需要上传的材料后，就可以在抖音上申请"蓝 V 认证"了，下面来看具体的操作方法。

打开抖音，登录需要认证的账号，进入"我"界面，点击≡按钮，在弹出的菜单中选择"设置"命令进入"设置"页面，选择"帐号与安全"选项，如图 1–16 左图所示。

在打开的页面中选择"申请官方认证"选项，如图 1–16 右图所示。

图 1-16　认证界面

进入"抖音官方认证"页面后，选择"企业认证"选项，在打开的页面中可看到企业营业执照示例、企业认证公函下载模板，并注明了认证审核服务费为 600 元／次，点击"开始认证"按钮进入资料提交页面，如图 1-17 左图所示。

在资料提交页面，用户只需按顺序上传相关资料，并填写正确的手机号码、验证码及发票接收电子邮箱等内容，点击"提交"按钮即可完成认证，如图 1-17 右图所示。

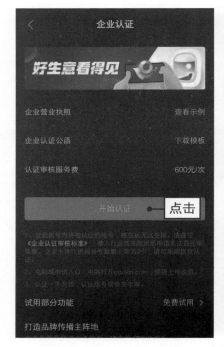

图 1-17　提交资料

除了通过"设置"页面进行申请认证之外，还可选择"创作者服务中心"选项，在打开的页面中选择"进行官方认证"选项，进入"抖音官方认证"页面，如图 1-18 所示。之后的步骤与前面一致，这里不再赘述了。

图 1-18 选择"创作者服务中心"选项

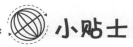 小贴士

除了在手机 App 上申请"蓝 V 认证"，在电脑端网页中也可进行相关操作，只需登录抖音官网即可。另外，用户需要注意，资料提交后企业主体注册抖音账号数量上限为两个，请勿超额提交认证。

1.3.5 新注册的抖音账号如何"养"

抖音和微信朋友圈不一样，是一个很有利的营销平台，想要推广自己，就要不断推出优质的、有吸引力的视频内容，让更多的人看到并传播，获得粉丝和流量的同时，也给自己带来益处。一个抖音新账号怎样维持人气，是每一位用户都必须学习的一课。

（1）开始养号前

在开始抖音养号前，对于抖音账号的基础设置还有许多要注意的地方，如果用户没有遵守规范的操作，会让抖音平台误认为是营销号，甚至被关进"小黑屋"。

首先要保证"一机一卡一号"，这样才能保障账号的高权重，不要一机多号或是在同一个手机上频繁切换账号。

其次要保证账号头像清晰，账号基本信息完整、真实。

另外，关于账号的地区信息的标注，最好选择城市规模大的地区。

（2）初期养号

开始初期养号时很多用户会陷入一个误区，即每天发布的信息越多，涨粉就越快。这种操作只会引来平台的警惕，导致账号内容被限流。其实在养号初期，用户不必这么紧张，可以放松一点，慢慢进入正轨，具体做法如图1-19所示。

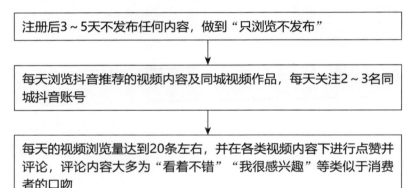

图 1-19　初期养号方式

（3）正式养号阶段

在浏览了其他被推荐视频内容后，我们就可以发布自己的视频内容了。由于是第一次在抖音上发布内容，所以一定要保证内容的高质量，平台会根据账号最先发布的几个内容为用户打上标签。

发布视频内容主要按照筛选内容→制作视频→发布视频的顺序进行，在此过程中需要注意以下内容。

◆　第一步，筛选内容

制作视频时不能被潮流牵着走，什么火就去做什么。在这一阶段要遵循"垂直度"原则，专注某一点，不要什么内容都发，否则会显得内容杂乱，无法找到目标人群。如图 1-20 所示的是抖音上关注度较高的账号主页。

图 1-20　内容主页

如图 1-20 所示的抖音账号主页分别是关于医药健康和服饰搭配的内容，这两个账号的粉丝数量很大，进入其主页浏览，发现他们发布的视频内容都是同一个方向的，并且简单实用，这样才能逐渐培养相关粉丝。

◆　第二步，制作视频

筛选好视频内容后，开始制作视频，主要涉及技术、形式和场景等方面的问题，这里我们不具体讲解，制作时只需遵循"适合"原则即可，结合自己的行业领域，选择适合的制作手法。

◆　第三步，发布视频

发布视频操作简单，只需要按步骤上传即可。不过，对于发布数量和发布时间，还是要有规范。

每天发布的视频数量在 3 ～ 5 个，间隔时间要大于半小时。常规的发布时间在早上8点、中午12点以及晚上7点到9点，这些时间点浏览抖音的人数较多。不过需要注意，由于行业的特殊性，某些账号目标人群的时间点会出现差别，需要自行调查统计。

（4）涨粉阶段

有了一定的粉丝量后，要维持热度，同样需要我们进行相关操作，保证账号的活跃度不能降低。如果几天都不更新，有可能现有的粉丝也会流失，更别说涨粉。所以在发布视频的同时，每天的点赞量、评论量和关注数量都要跟上。

◆ **粉丝数达1万**：保证视频的发布数量，积极与粉丝互动，有针对性地挑选粉丝的评论进行回复，保证粉丝数量的稳定。

◆ **粉丝数达到10万**：不用天天发布视频，但要保证视频内容是优质、专业的，并对发布过的内容再筛查一遍，使新关注的用户看到的视频内容都是优质的。

 小贴士

在养号时有一些细节需要注意，以免为"账号"扣分。
①不要使用模拟器，这样空间定位变化太快。
②不要疯狂地大量点赞，甚至很多视频不看完就点赞。
③切勿频繁修改个人信息。
④不要使用同一Wi-Fi登录5个及以上的抖音账号。
⑤不要重复相同操作，如重复发布评论，连内容都一模一样。

如何通过抖音进行营销

抖音的火爆给很多商家带来了营销的机会，怎样通过抖音短视频推广企业产品及知名度是一个有技术性的操作，用户可以自己录制创意短视频引起平台热议，也可以加入抖音的官方营销。方法多样，随意选择。

- ➤ 展示产品功能
- ➤ 重点宣传产品优势
- ➤ 口碑营销推广品牌
- ➤ 在视频中植入产品
- ➤ 使用商业贴纸使传播率更广

- ➤ 抓住消费者的好奇心
- ➤ 创意包装产品
- ➤ 通过曝光日常拉近距离
- ➤ 广告营销
- ➤ 与抖音"大V"强强联手

2.1 抖音营销的常见方法

虽然利用抖音营销已成为很多商家的一项必要策略，但与传统营销一样，在抖音上展示产品时也是谁的产品有趣新奇、功能强大，谁就能吸引更多的关注度。抖音营销是讲究方法的，不同的方法会带来不同的效果，不过通过大量的统计表明，最实用的有以下几种方法，下面一起来看看。

2.1.1 展示产品功能

如果产品具备某种特殊功能，那么可以直接展示产品的功能，这样简单、直观，感兴趣的用户会留言询问价格或是直接点击购物链接购买。如图 2-1 所示就是抖音上的爆款产品。

图 2-1 抖音爆款产品

图 2-1 左图所示的产品是自拍杆手机壳，其之所以成为抖音爆款，是因为

该产品确实解决了很多用户日常生活娱乐的难题——外出旅游、朋友聚餐没带自拍杆，通过展示如何将手机壳变成自拍杆这样一个简单的过程，就能实现产品的营销。

而图 2-1 右图所示的纳米去污海绵擦也是通过展示擦除污渍的过程，告诉用户产品的功能。这样的家居神器本身就自带话题性，很容易引起用户的注意。所以在抖音上"家居神器""家居好物"已成为一类流量产品，如图 2-2 所示。

图 2-2　家居好物类功能性营销

除了家居类产品可用功能营销之外，手机、电器类产品也适合以展示其特有的功能来吸引用户。以手机为例，有以下两种展示产品功能的方法。

（1）基础功能展示

可通过对手机新开发功能的效果进行展示，使用户了解该产品的亮点，如图 2-3 所示。

图 2-3　手机功能展示

如图 2-3 所示是对某品牌手机的"双屏"功能和"闪充"功能进行展示，实操时最好一个短视频只展示一个功能，贪多会让用户找不到重点。

（2）使用功能分步骤展示

手机内置的许多功能一般都需要用户自己去摸索，现在很多品牌商通过抖音短视频的方式，按步骤教用户使用手机内置的各种功能，以此展示手机的实用性和功能性，这也是一种成功的营销方式，如图 2-4 所示。

图 2-4　使用功能分步骤展示

2.1.2 抓住消费者的好奇心

每个人都有好奇心，营销的一个重点就是利用人们的好奇心，使其对所展示的产品感兴趣，进而产生购物欲或参与感，在抖音上也不例外。

范例借鉴

某抖音用户上传了海底捞"超好吃"的底料搭配方法，立即引起了连锁反应。由于参与门槛低，在好奇心驱使下，不少用户纷纷去海底捞试吃，海底捞也借此机会营销了一把。

为了扩大营销，海底捞还推出了"抖音套餐"，不少用户被吸引，想要去一探究竟。

海底捞此次的营销能够造成如此大的影响，只因引起了用户的好奇，想要去尝试。一般来说，餐饮行业更容易利用用户好奇心进行营销，如在抖音上火爆的"答案奶茶"，其通过抖音平台上的营销，话题流量已经超过了1亿，如图2-5所示。

图 2-5 "答案奶茶"营销

从图 2-5 左图可以看到，"答案奶茶"话题下的视频播放量已达到了 1.2 亿次，并且用户还可以通过视频下方的"参与"按钮，加入到话题中来。为什么其具有这么大的吸引力呢？与其他奶茶最大的不同就是"答案奶茶"不只销售奶茶，也销售"答案"，这就很容易引起用户的好奇心。

顾客在点单时可以在特定的单子写上自己的问题，做奶茶的师傅会在奶茶盒表面写上相应的答案，如图 2-5 右图所示。正因如此，一杯普通的奶茶立马就有趣了起来，成为众多年轻人的选择。

2.1.3 重点宣传产品优势

对产品优势进行展示与产品功能展示有相似之处，不过虽然都是对产品进行展示，但展示的方式却有所区别。如何放大产品优势就是我们需要思考的问题。一般来说可通过测试的方式来突出产品的优势，如火爆抖音的"宝马后备厢藏人"视频，为了体现新推出的宝马车型空间大，在该款车的后备厢中藏了 12 个人，不少用户因为这段视频对该款宝马车型留下深刻的印象。

如图 2-6 所示是某品牌手机的产品展示，其通过对手机硬度的测试，非常直观地展现了手机的坚固品质。

图 2-6　手机硬度测试

图 2-6 展示的都是该款手机"强硬度"的优势,通过两种方式来突出该款手机的一大卖点,能让用户记忆深刻。

2.1.4　创意包装产品

除了展示产品功能或是突出产品优势这些比较直观的营销方式之外,在抖音上还流行另外一种营销模式,即内容包装。通过视频内容对相关产品进行美化和包装,使用户产生购买的欲望。用内容包装产品有以下 3 个好处。

①营销不突兀,不容易引起用户的反感。

②吸引的粉丝较为稳固,因为内容是最能留住用户的一种手段,有内容的视频就有相应的价值观,能够吸引具有同一类价值观的用户。

③使产品融入内容中,营销的同时顺便卖货。

用内容包装营销比较适合文创类产品,如某文化创意馆在抖音发布的视频,多与建筑故事、历史古籍相关,自然会吸引对此感兴趣的用户,进行产品营销的时候也就更加自然,如图 2-7 所示。

图 2-7　内容包装

图 2-7 左图所示的是该文化创意馆日常发布的视频内容，而右图所示的是其营销的产品，视频氛围一脉相承，给人古朴、典雅的感觉，让用户自然而然地接受，甚至感觉不到营销的痕迹。

除此之外，用漫画、故事和微电影等形式包装产品也很有创意，如图 2-8所示。

图 2-8　漫画包装

图 2-8 所示的是某动漫媒体公司的抖音视频内容，该公司每过一段时间就会发布一段动漫短视频，以此吸引感兴趣的用户。在发布产品的时候并不直接展示产品，而是将产品融入动漫中。这样经过创意包装后的产品就显得与众不同，有了附加价值。

2.1.5　口碑营销推广品牌

要想成功营销就要了解消费者的心理，很多消费者其实并不在乎该买什么、该吃什么或该喝什么，而是追逐潮流，哪家店火爆就去哪家。对于经营实体店的用户来说，就可以利用抖音进行口碑营销，侧面带动店内流量。

使用这种营销手法展示的视频内容以火爆的氛围、大排长队和消费者互动等为主，形式不一，可以自行拓展延伸，如图 2-9 所示。

图 2-9　口碑推广

图 2-9 是对某奶茶店的口碑展示，通过门口的排队"长龙"和消费者的口号，侧面展示该店铺的饮品美味，所以能够吸引更多消费者前去消费，对于同城的用户来说营销力度是很大的，如果去到附近极有可能前去购买。

2.1.6　通过曝光日常拉近距离

利用抖音营销不能只从产品本身入手，宣传企业文化也能在无形之中推广自己的产品。很多用户不只对产品感兴趣，也会想要了解企业的日常工作氛围、福利情况及企业 CEO 的日常等。

所以不少品牌利用这一点进行营销，以此来展现公司 CEO 的"接地气"、员工的友好，让用户喜欢上企业的文化，从而关注企业产品。主要可从以下几个方面来展现企业文化。

（1）企业领导人风采

对于像阿里巴巴这样的电商平台，没有什么实际的产品需要展示，那么企业营销就要注重文化和理念，尤其是阿里巴巴的核心人物，大家对他的一言一行都很感兴趣。所以在抖音平台上，阿里巴巴也发布了领导人的日常活动，如图 2-10 所示。

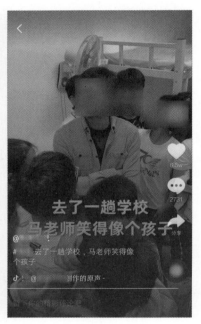

图 2-10　展示领导人风采

图 2-10 左图展示了阿里巴巴领导人的亲切，传递了活力、不拘谨的企业氛围；而右图的视频内容体现了阿里巴巴一直热衷公益，是有情怀、有社会责任感的企业。不论从哪方面来看，对企业都是有利的营销。

（2）员工日常

员工的日常也能从侧面展现企业的工作氛围，所以很多企业会在抖音上上传员工工作、生活的视频内容，让用户从另外一个角度了解企业，如图 2-11 所示。

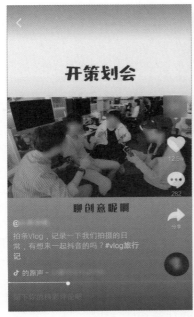

图 2-11　员工日常

（3）办公室趣事

针对一些有趣的公司活动，或是员工在办公室内发生的一些趣事，有选择地上传至抖音平台，能够反映公司的创造力和福利水平，如图 2-12 所示。

图 2-12　办公室趣事

2.1.7 在视频中植入产品

说到植入产品，可能会让人想到电视上的广告植入，通过在电视剧中植入合适的产品来进行推广已经是普通的营销手法了。这种营销手法同样非常适合在抖音中使用，由于抖音发布的都是视频内容，所以通过场景来植入产品是再好不过了。

在视频中植入广告有很多种方式，如桌上放产品、场地有 logo 和人物穿着等，如图 2-13 所示。

图 2-13　场景植入

图 2-13 左图是通过故事情节来展示人物身上的衣着，并推出视频同款，这样的营销自然又美观；右图是通过 logo 植入，让用户对该产品产生印象。

 小贴士

　　除了以上 7 种方法之外，还可通过抖音官方来推广产品，只不过需要充足的预算。不过对很多小企业来说，选择抖音就是想利用其传播度来做广告，所以不会考虑官方推广方式。

2.2　怎么在抖音进行营销植入

抖音作为短视频社交平台，其强大的传播效果为商家带来了很多益处，而抖音平台中可利用的资源还有许多，如果商家能够把握住有利的资源，对产品推广的作用会更大。

2.2.1　广告营销

抖音曾经在短时间内占据 App Store 榜首，成为一、二线城市年轻用户群体中最受欢迎的 App，其广告资源非常厉害，其中最实用的两种广告营销方式为开屏广告和信息流广告。

（1）开屏广告

开屏广告是在 App 启动时向用户展示的全屏广告，展示时间很短，一般为 5 秒钟，可以手动跳过。不过由于 App 刚刚启动时用户会更有耐心，且注意力集中，所以这种营销手段很有效。很多手机应用软件（微博、抖音）都有开屏广告，如图 2-14 所示。

图 2-14　抖音开屏广告

开屏广告是全屏广告，所以无论是静态还是动态都能达到想要的推广效果，适合在品牌急需曝光时加以利用，如活动宣传、新品上市和大事件。图 2-14 的抖音开屏广告都是在宣传品牌购物节活动，号召用户一起加入。

有关开屏广告的基础信息，我们一起来看如表 2-1 所示的内容。

表 2-1　开屏广告的基础信息

基础信息	具体内容
展示形式	开屏广告的展示形式可分为 3 种：静态 3 秒、动态 4 秒、视频 5 秒，投放广告的用户可根据需要和预算进行选择
售卖方式	GD（担保式保量投放）或 CPT，CPT 是一种以时间来计费的广告形式，广告主可以选择一天中的任一时间段投放广告，在该时段内费用与广告点击量无关
展示规则	每日每个用户可看到的开屏广告的次数不限，不过新安装用户 7 日内不弹出开屏广告
禁投行业	在广审行业限制基础上增加以下限制：成人用品类、视频类产品、社区社交类产品和拍摄工具类产品等

（2）信息流广告

信息流广告是在社交媒体用户的好友动态、资讯媒体和视听媒体等内容流中的广告。信息流广告的形式有图片、图文和视频等，这种穿插在内容流中的广告使用户体验相对较好，所以成为互联网媒体中最受欢迎的一种广告形式。

信息流广告有五大优势：①流量庞大；②算法领先；③形式丰富；④定向精准；⑤用户体验好。而抖音平台的信息流广告更加自然、原生，与抖音高度融合，有时甚至看不出投放了广告，而且能够与消费群体进行互动。

当然在投放广告时也要注意投放比例，如果过于频繁，会有营销过度的感觉，容易引起用户的反感。对于信息流广告的基础信息，我们一起来看如表 2-2 所示的内容。

表 2-2　信息流广告的基础信息

基础信息	具体内容
展示形式	分为两种：原生和单页。原生支持跳转品牌主页 / 品牌挑战赛 / 抖音官方挑战赛等原生页面；而单页支持跳转品牌落地页
售卖方式	GD、CPT 及 DTV（短视频广告 5 秒自动播放计费）
展示规则	原生：广告主可推广 5 ~ 60 秒短视频，在抖音推荐页面的视频流中以原生广告样式进行传播展示，无缝融入。 单页：信息流单页广告出现在推荐页面上滑第 4 位，广告时长为 5 ~ 60 秒，每位用户每天最多看一条广告，不支持各种形式的同一素材重复投放
禁投行业	在广审行业限制基础上增加以下限制：成人用品类、视频类产品、社区社交类产品和拍摄工具类产品等

从表 2-2 中我们知道了信息流广告的不同展现形式，如图 2-15 所示。

图 2-15　原生广告和单页广告

除了进行单一的广告投放之外，抖音还推出了 TopView 广告形式，为开屏广告和信息流广告的结合。前 3 秒为开屏曝光，第 4 秒淡入长达 60 秒的品牌视频信息，转化自然，与用户互动前置。商家可通过以下操作进行广告投放。

抖音的广告投放业务已全部整合到官方投放平台上，所以广告主可以直接进入官方投放渠道——巨量引擎广告投放平台（https://ad.oceanengine.com/pages/login/index.html），如图 2-16 所示。

图 2-16　巨量引擎广告投放平台

进入平台后，首先要注册自己的账号，单击右上角的"注册"按钮，打开注册操作页面，填写基本信息，如图 2-17 所示。

图 2-17　填写注册基本信息

完成信息填写的操作后，单击"下一步"按钮，进入"获取账号密码"操作页面，填写公司名称、行业等信息，然后进入"补全资质"页面，单击"立即补全资质"按钮，如图 2-18 所示。

图 2-18　补全资质信息

进入"认证中心"，选择"资质提交"选项，补充完材料后，单击"提交资质"按钮，即可完成账号的注册，如图 2-19 所示。

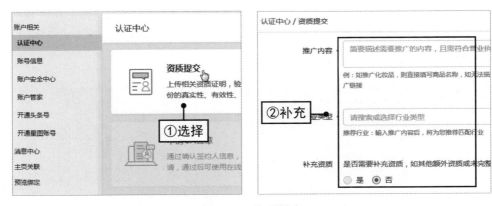

图 2-19　资质提交

切换到"推广"选项卡，进入广告投放页面，可创建新广告组，如图 2-20 所示。还能根据后台提示进行账户完善和广告投放，或者拨打官方客服电话咨询营销顾问，获得广告投放的指导帮助。

图 2-20　创建新广告组

2.2.2 利用商业贴纸使传播率更广

对于刚刚接触抖音的用户，可能对抖音的贴纸还不太了解，其实贴纸有些类似于视频特效的感觉。在拍摄抖音视频之后，可对视频进行美化，通过滤镜、贴纸、表情和特效为视频添加效果，如图 2-21 所示。

图 2-21　贴纸效果

　　贴纸之所以能够成为广告营销的一种方式，在于其无与伦比的参与性，一来抖音提供了技术支持，二来没有使用门槛，全民参与，所以不少商家都利用贴纸来营销自己的产品。

　　企业用户可在抖音上定制企业专属的贴纸，并在抖音平台上推出，其他抖音用户可以在贴纸栏下载使用，下载的人越多，传播度就越广，营销效果就越大。如非常火爆的国产动漫电影，就在抖音上推出了主角形象的贴纸，达到了上百亿次的播放量，大大推动了电影的观影人次，如图 2-22 所示。

图 2-22　电影主角人物贴纸

　　一般来说，广告贴纸有两种类型：2D 脸部挂件贴纸和 2D 前景贴纸。不过贴纸广告属于非标产品，不保量，也不支持第三方监测。但其优势十分明显，所以很多商家也会选择使用。其具体优势如下。

　　①使用场景原生，用户体验好、参与度高。

　　②用户互动使用，接受度高，能产生较好的互动。

　　③用户主动传播，传播率高，易被多次使用。

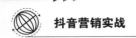
④能产生源源不断的创意，营销效果加倍。

2.2.3 与抖音"大V"强强联手

抖音"大V"就是指在抖音上拥有大量粉丝的抖音账号，由于粉丝量巨大，所以视频内容被看到、转发和点赞的概率很大。所以与抖音"大V"合作，能让品牌、店铺和产品得到很好的宣传。

与抖音"大V"合作就是，广告主按照自身的需要请"大V"制作并发布商业推广视频，并对视频的时长、创意等提出要求，经过确认后，在流量较大的时间段推出。具体的情况还可具体商议，服务包括视频置顶、视频保护期等。该种营销方式有以下几个好处。

◆ **专属定制**：为用户提供专属定制的视频内容，并按照抖音的特点进行创新。

◆ **内容创新**："通过"大V"的视频内容对品牌产品进行包装，吸引流量。

◆ **原生推广**："大V"视频直接成为热门视频，进入抖音推荐流。

◆ **宣传贴纸**："大V"使用商业贴纸，带动贴纸曝光度，引起讨论和使用。

◆ **跨平台传播**：利用"大V"的知名度，可在其他平台，如微博、B站等进行传播。

那么抖音"大V"是如何帮助商家进行营销呢？有以下3种形式。

①直接发布广告视频。

②在视频开始或结尾发布产品信息。

③制作创意视频，在视频结尾处自然衔接广告内容，通常与视频剧情相关联，让人不觉得生硬，还会起到反转的"笑果"。

如图2-23所示的是抖音"大V"为商家做宣传的视频内容，通过重点大字、小剧情和直接使用操作等一系列手法，让宣传更有力度。

图 2-23　"大 V"广告营销

2.2.4　发起活动推广产品

除了利用抖音平台的各种资源进行产品营销以外，企业还可以发起抖音挑战赛来制造话题，吸引粉丝，并借此机会推广品牌。

挑战赛是抖音开发的一款商业化产品，可为商家定制话题，融合了开屏、信息流、抖音"大 V"和定制贴纸等流量资源入口，并利用"模仿"的运营逻辑，实现最大传播率。

所以很多抖音商家会选择这种推广方式，但在发起挑战赛时要把握两点内容，一是挑战赛的有趣性和易模仿度；二是保证参与的低门槛，难度设计不能太高。通过图 2-24 我们可以更加全面地了解挑战赛的产品性质。

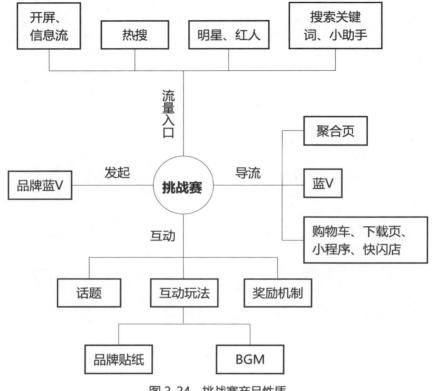

图 2-24　挑战赛产品性质

由于流量入口巨大，所以挑战赛的播放量都是以"亿"为单位，播放量达到 10 亿次也是很轻松的事。如图 2-25 所示是一些企业发起的挑战赛。

图 2-25　挑战赛话题参与页面

可以看到图 2-25 中所示的挑战赛的播放量分别为 23.9 亿次、15.4 亿次和

19.2 亿次，每一个挑战赛的播放量都在 15 亿次以上。下面我们通过具体的案例来分析挑战赛的玩法。

范例借鉴

2019 年 6 月 8 日，抖音挑战赛"# 我才是好喝表情帝"上线，截至 6 月 20 日，12 天内总播放量达到 15.4 亿次。不少抖音用户都参与其中，无数优质的视频内容得以展示，示范视频的点赞量达到 128.9 万。

该挑战赛的参赛规则：6 月 8 日到 6 月 20 日，参与"# 我才是好喝表情帝"挑战，使用 ×× 酸奶产品或 ×× 酸奶贴纸，用表情秀好喝！根据主题关联度和点赞数，总排行第 1 名的获赠手机并登上抖音封面；第 2 ～ 25 名获美颜相机……6 月 21 日开奖。

该企业利用挑战赛，宣传新上线的某款酸奶，达到了非常明显的效果，其中有哪些要点我们需要注意呢？

第一，聚焦新产品，用户参与挑战赛的其中一个要件就是需要使用该款酸奶或酸奶贴纸。

第二，曝光品牌，无论是产品还是有产品设计的贴纸，都随着视频传播。

第三，活动关联度，活动内容与产品高度关联，新推出的产品是乳饮品，活动与好喝有关，无形之间产生了成千上万的广告创意。

第四，难度低、吸引力高，该项活动不需要参与人员有多高超的技艺或才能，只要发挥创意，谁都可以。

第五，奖励丰富，活动奖励有足够的吸引力，所以能引起用户参与的兴致。

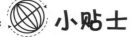 **小贴士**

品牌贴纸和挑战赛一起发出，带来的效果将是 1+1 > 2 的，所以在发起挑战赛时，可以在活动规则里规定用户需要使用的要件，利用视频将品牌印象加深。

从上例我们可以看出，发起挑战赛需要拟定详细的活动规则，才能维持活动的秩序，保证活动最后的圆满成功。那么一般挑战赛的活动规则由哪几个部分构成呢？如图 2-26 所示。

图 2-26　某挑战赛详细规则

从图 2-26 我们可以看出活动规则包括至少 4 个部分：奖项设置、活动时间、具体规则和开奖时间。在具体设置时，需要用户详加考虑，但规则字数最好不超过 200 字，因为简洁才能让人有兴趣读下去；或是按图 2-26 所示的方式，将具体规则以图片的形式展示，更加一目了然。

2.2.5　参与抖音的官方活动

除了企业自发的挑战赛之外，参与抖音官方活动也能为自己的店铺或产品带来热度，如抖音嘉年华、抖音好物节，这是抖音发起的活动，所以宣传热度高，参与人数多，其中还包括很多名人、网红，是商业营销绝对不能错过的机会。来看看下面一个案例。

范例借鉴

距"双十一"还有不到一个月时间，为了配合与阿里巴巴的合作，达到双赢的局面，抖音发起了"抖音好物节"的活动，预热期是 2019 年 10 月 21 日到 31 日，正式阶段是 11 月 1 日到 11 日。推出了 3 种玩法，种草玩法、直播玩法和中心会场。

为了让视频内容的价值体现出来，抖音重点推荐了种草玩法，指的是抖音官方提出有价值、质量高、有知识性的消费类产品内容作为种草视频，并上线种草标签功能，这样用户就能梳理出有质感的视频，如图 2-27 所示。

图 2-27 种草标签

而在 11 月 8 日～11 月 12 日（暂定），用户可以通过直播的形式发布视频，最终抖音平台会根据榜单排名给予相应的流量奖励。

而在主推标签页会有专人运营，负责为中心会场引流，进入主推标签页的商家就能获得更广阔的平台。如图 2-28 所示为中心会场和主推标签页。

图 2-28 中心会场和主推标签页

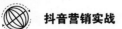

　　上例中的抖音官方活动是抖音为了"双十一"购物节而特地发起的，并且给出了商家参与的方法和形式。为了更好地营销自己，商家一定要熟悉官方活动的参与规则，尤其是抖音平台重点推出的活动。

　　如上例中商家发布的视频如果没有带种草标签，就会失去引流的一大机会。参与者需在发布视频时选择"添加标签"选项，点击"种草"按钮。在添加标签后，种草标签会在视频左下角显示。当消费者用户点击种草标签时，就能进入相应的标签页，而该视频就有机会进入精选视频行列。

抖音内容设计攻略

要想成功营销抖音账号，进而推广自己的产品，必须懂得一些常见的营销手段，但除此之外更重要的是懂得如何设计有价值的内容，发布一个视频内容需要很多准备以及后期调工作，当然掌握方法后这些问题就迎刃而解了，所以如何设计视频内容是创作者需要学习的一大关键要领。

➤ 利用热搜榜确定话题　　　　➤ 抖音热门标题内容有这几类

➤ 编写标题有技巧　　　　　　➤ 标题的常用语和禁用语

➤ 音乐平台内找寻素材　　　　➤ 视频网站内找灵感

➤ 改善剪辑的方式　　　　　　➤ 加入特效才足够吸引人

➤ 用视频讲故事　　　　　　　➤ 不要错过"蹭热点"的机会

3.1 前期准备工作

抖音是一个很大的营销平台，有很多营销方法，但是在发布内容之前，我们必须要设计视频内容，其中首先要做的就是选择视频内容的范围。那么如何收集视频素材、编写文案以及制定标题就成为用户的难题了。

3.1.1 利用热搜榜确定话题

2018 年 7 月 28 日抖音上线了"热搜榜"功能，所有抖音用户均可通过热搜榜单了解最热门的视频内容。那么什么是热搜榜呢？经常使用微博的用户可能比较了解，热搜榜是社交平台基于某种算法主动提供的一项运营措施，目的在于提供信息和引流，并通过大量的互动、评论引起裂变，如图 3-1 所示。

图 3-1　知乎和微博热搜榜

从图 3-1 可以看出，热搜榜的浏览量基本有上百万次，平台甚至引导了用户的社交习惯，很多用户现在一打开社交软件就进入热搜榜查看。正是热搜榜巨大的流量入口资源，成为很多商家的营销途径。

在抖音首页点击左上角的"搜索"按钮就能进入搜索页面，在"猜你想搜"栏目可以看到 12 条热搜内容。现在抖音上线了两个主要的榜单——热点榜和明星榜，如图 3-2 所示。

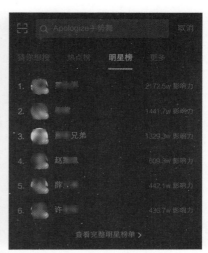

图 3-2　抖音"热点榜"和"明星榜"

虽然并不清楚抖音平台的排序机制，但是从平台推送的热搜中我们可以找出关注度及搜索量高的热搜词，进而了解近期的流行话题。用户在设计自己的视频内容时，可通过热搜榜确定主题，紧跟热点，利用现有的流量推广视频内容，达到营销的目的。如下述案例所示。

范例借鉴

2019 年 10 月 31 日是万圣节，抖音平台上早就刮起了一场变装秀，在热点榜上更是发起了＃万圣节变妆秀＃的话题，一时间无数抖音用户加入这个话题，当然也包括抖音红人和名人明星，为该话题带来巨大的流量。

而这也给商家带来了原生的话题，不少还在冥思苦想视频内容的用户都借此机会发布与万圣节相关的视频，将流量带到自己的账号上。这其中尤以化妆品企业和店铺为主，不少店铺都推出了自己的万圣节妆容教程，顺便发布同款使用产品，带来了不少销量。

还有不少摄影工作室推出了与万圣节相关的摄影作品，接到了不少的订单。如此切合主题又自带营销，为内容设计省了不少事，如图 3-3 所示。

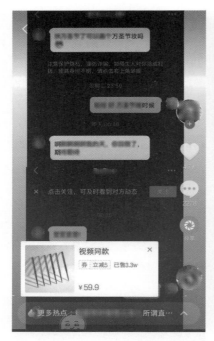

图 3-3　万圣节主题内容营销

3.1.2 抖音热门标题内容有这几类

自从进入网络传媒的时代，人们对信息的获取越来越碎片化，信息发布者想要吸引眼球，从标题开始就要"全副武装"。所以在抖音上发布内容时标题必须要仔细考虑，一个有吸引力的标题能带来难以想象的流量。

在抖音上闲逛时，面对海量的抖音视频，你是否会被一些内容的标题吸引呢？你有没有思考过发布者是怎么想的？他的标题为什么能吸引用户？他的标题有什么特点？下面是一些比较火爆的标题内容，可供参考。

"怎么感觉哪里不对……"

"没错！你想要的 ×× 在这里，快来围观吧！"

"看看视频学健身，你能坚持几秒？"

"亲子手工，×× 还能这样玩？"

花样百出的标题其实都有各自的特点，掌握规律后就能轻松获赞。发布在抖音上的标题内容有两个展示对象。

其一，展示内容面向抖音的所有用户，以获得点赞和关注，提高人气。

其二，发布的内容经过系统的筛选，让系统明确视频类型并推荐给目标用户，所以标题一定要明确。

按抖音的视频内容划分，主要有以下几类热门的标题内容。

（1）煽情类标题

煽情类的标题主要是对亲情、友情和爱情 3 种情感进行展现，这也是最易引起用户情感共鸣的内容。无论流行的事物如何变化，这类标题总能带给用户刺激，吸引用户观看，如图 3-4 所示。

图 3-4　情感类标题

一般来说，情感类标题除了要突出情感，还要与用户相关，否则会显得莫名其妙。如图 3-4 左图所示的例子主要是为了推销爱情心理学的课程，所以标题从爱情入手，发出疑问；而右图为了推销蛋糕，配合父亲节的主题，特意发布感恩父亲的内容，让很多人动容。

其实情感类的标题尤其适合搭配特殊节日，蹭一波节日热度，同时还能推广相关产品，吸引流量。如中秋节、父亲节和母亲节适合发布与亲情有关的内容，七夕节、情人节适合发布与爱情有关的内容。

（2）科普类标题

科普类标题在抖音上算是非常主流的一种类型，通过对生活小技巧、技能技术及学术杂谈等的科普，吸引目标用户，针对性强、稳固性高。这类标题常以"你会怎么办""你知道吗"等来唤起用户的好奇心，如图3-5所示。

图3-5　科普类标题

（3）留有悬念类标题

在设计视频故事时，悬疑类故事是最能吸引人眼球的，抖音用户可借鉴这种手法来创建自己的视频标题。通过"说一半，留一半"的方式增加悬念，让用户想要观看完整的视频，而不是在中途划走。如果视频结果出人意料，很有可能被用户转发，无形之间增加了转发量和传播量。悬念式的标题可用反问句、设问句或开放式句式，如图3-6所示。

图3-6　留有悬念类标题

（4）求赞类标题

求赞、求关注在抖音上很常见，这种非常直白的文字很可能给人一种心理暗示，很多用户在看到的一瞬间就会下意识点赞，从而让视频内容获得高点赞量。其标题内容的基本模板如下所示。

①保护××，从我做起，求赞让更多的人看到。

②视频制作太辛苦，大家点个赞吧。

用户不仅要在标题中带上求赞的文字，也要有实际的内容支撑，不能只有"求赞求关注"，空洞的内容对于视频推广没有一点好处。

3.1.3 编写标题有技巧

取一个好的标题，视频推广就已成功了一半。为了成功推出视频内容，标题必须好好琢磨，抓住一些技巧，可以轻而易举地搞定标题的编写。

（1）内容数字化

在我们浏览网页时，一大堆的文字容易让人产生视觉疲劳，但容易对数字留心，因为数字可以非常直观地展示某些内容，并且数字也给人简洁、真实的印象，让用户对你的标题产生好感，如图 3-7 所示。

 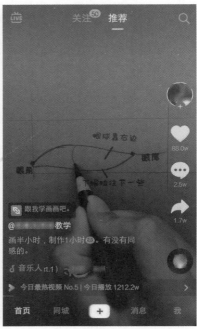

图 3-7　标题数字化

如图 3-7 左图所示的标题"500 以内还有哪些超高性价比的国产实战好鞋呢？"，单看标题，开头的数字 500 一下子就让用户了解了视频的介绍范围，立马就能打动目标用户。

（2）前后不一

有的时候想要内容出奇制胜，可以刻意设计一些前后矛盾的逻辑错误，让用户产生好奇，想要明白究竟是怎么一回事。在标题中使用前后矛盾、冲突的字，也会增加用户的好奇心理。比如"辞掉了干了几年的工作，心里轻松了好多""手臂那么粗，但是一点都不显胖"。

（3）善用刺激点

如果在标题中加入有刺激点的内容，被击中的用户就会留下。那么什么是刺激点呢？对于普通人来说，刺激点就是生活中的困难、难点，如穷、矮、胖、丑等，这些刺激点对于很多人来说都是亟待解决的，很多人会对这些刺激点产生共鸣，所以会吸引其注意，如图 3-8 所示。

图 3-8 加入刺激点

（4）定位描写

由于抖音上发布的内容要接受平台筛选，所以在撰写标题时要找准自己的账号定位，垂直编写标题内容，才能增加被推荐的概率。可以选择加入常见的行业关键词，如穿搭、古风和健康新知等，如图 3-9 所示。

图 3-9　标题内容定位

如图 3-9 左图所示的视频中有两个话题，一个是"国风"，一个是"汉服"，一下子就精准定位了视频内容；而右图所示的是一个教程视频，是教大家如何拍出美照，所以带了"拍照"的话题。而定位视频内容，找到相应的标签，虽然能让视频看起来充实且易分类，但还是要注意避免一些专业词汇和生僻字，否则会缩小目标用户的范围，也不利于平台筛选。

小贴士

　　在编写标题时还有以下几个注意事项：①避免缩写词语，除了约定俗成的缩写，否则难以让用户明白；②标题字数不要过多，以 10 ~ 20 字为宜，字数太多会使用户找不到重点，失去耐心；③少用书面语言，口语化的标题更让人感觉亲切。

3.1.4 ▶ 标题的常用语和禁用语

对于抖音营销的新手来说，要在短时间内掌握编辑标题内容的精髓是有难度的，可以通过浏览抖音的热门推荐，找出一些常用的标题模板，多模仿也就熟能生巧了。如表 3-1 所示为常见的标题模板。

表 3-1　常见的标题模板

模板	模板
1. 这几招 / 这几个秘密、方法 / 这一句话 / 这一个点子，大家都在看 / 应该这样玩、做 /3 分钟学会。	2. ……同意的点赞 / 有同感的吗？ / 你赞同吗？
3. 喜欢的小朋友，留下你的（爱心表情）。	4. ……，你们是属于哪一类？ /……说的是你吗？
5. 请看到最后，有惊喜哦～	6. ……你看过几部 / 你听过几首？
7. ……不信你试试？	8. ……，你敢 PK 吗？
9. 完蛋了，……你会怎么做呢？	10. 听说……要不你也试试？

在运用模板时，用户要注意有些词语是不能添加到抖音标题中的，否则容易引起很多用户的反感，如下所示。

◆ **营销性强的词语**：加盟、合作、招商、引资、赚钱等。

◆ **引导性强的词语**：互关、取关、私聊、关注、加关等。

◆ **暴力词语**：屠杀、投毒、性侵、强奸等。

◆ **负面词语**：抑郁、自杀、仇富、无望等。

◆ **歧视性词语**：无用、低能、智商低等。

3.1.5 ▶ 音乐平台内找寻素材

在抖音平台上发布的视频一般会搭配适合的背景音乐，无论是抒情的、热血的，还是摇滚的……都代表了一种态度。那么如何选择抖音音频呢？除了要契合视频内容之外，用户首先需要了解抖音平台上的热门音乐，选择热门音频更有利于内容的传播。

在抖音内如何选择热门音乐呢？可以通过"抖音热歌榜"轻松找到热门歌曲，具体操作如下。

进入抖音首页点击下方的"+"按钮，进入拍摄界面，点击上方的"选择音乐"按钮，进入音乐界面即可看到"推荐""歌单分类""流行""原创"和"国风"等音乐栏目，每个栏目都提供了很多备选音乐，如图3-10所示。

图3-10　音乐栏目

选择"歌单分类"栏目中的"热歌榜"选项，进入"热歌榜"界面，就能看到热歌排名了，如图3-11所示。

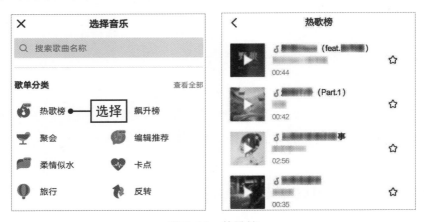

图3-11　热歌榜

除了抖音平台上提供的各种音乐之外，用户还可以在其他的网站或音乐平台上选择并下载音乐，应用在视频上。以下是常见的几个音乐平台。

（1）中国原创音乐基地

中国原创音乐基地（http://5sing.kugou.com/）聚集了不少原创音乐人，提供发表、展示和交流原创音乐作品的服务，音乐种类包含古风、流行、民谣、摇滚、动漫和民族等，用户可以免费下载相关伴奏，如图 3-12 所示。

图 3-12　中国原创音乐基地

（2）碎乐网

碎乐网（https://www.suiyueyule.com/），碎乐即碎片化的音乐，该平台提供一种全新的音乐品类，不少用户、音乐人、乐评人和跨界名人等都在该平台上传音乐作品，互相交流。

很多音乐平台提供的都是成品的歌曲，而碎乐平台有更多的未成品、非版权的音乐内容，包括音乐创作的小样、音乐场景等，音乐的形式非常适合抖音短视频时长限制的特点。碎乐提供一个增量的渠道，不少用户可以不断发现新鲜内容，收听、收看最新独家音乐资源，如图 3-13 所示。

图 3-13　碎乐网

（3）九天音乐网

九天音乐网（http://www.9sky.com/）成立于 1999 年，现在是国内非常强大的音乐数据库，提供超过 75 万首曲目的正版数字音乐和原创、翻唱音乐，要想找到适合的音频素材，该网站绝对可以帮到你，其官网首页如图 3-14 所示。

图 3-14　九天音乐网

（4）爱原创

爱原创（http://www.52om.net/）是内容很流行、资源很丰富且服务很专业的原创音乐库，是以提供原创音乐为主的音乐平台，用户可选择喜欢的歌曲用于抖音视频的制作，如图 3-15 所示。

图 3-15　爱原创

（5）MIXDJ 音乐网

MIXDJ 音乐网（www.mixdj.cn）是一个不同于其他网站的电子音乐分享平台，是一个集电子音乐、欧美潮流音乐、中国原创舞曲、小资音乐和网络音乐电台为主的高品质 MP3 分享平台，其以电子音乐为主，音乐种类出挑，能提供非常多的音乐类型，其网站首页如图 3-16 所示。

图 3-16　MIXDJ 音乐网

3.1.6 视频网站内找灵感

抖音平台的内容是以视频的形式来展现的，面对海量的视频，很多用户可能会产生疲劳感。那么如何制作出优质的视频内容，让人耳目一新呢？

创作者要突破这个难点不是那么容易，从选题、内容策划、片头制作到音乐搭配，每一项任务都需要大量的素材支撑。所谓"熟读唐诗三百首，不会作诗也会吟"，见多才能识广，下面展示几个优质的视频素材网，可为创作者提供更多的创意。

（1）VJ师网

VJ师网（https://www.vjshi.com/）是一个专业视频素材供应平台，提供演出背景视频、AE模板素材、视频素材、影视模板、实拍视频、LED动态背景、动态视觉效果和PPT演示文稿等视频素材内容。站内视频可供下载，还有不少设计师上传自己的原创作品出售，如图3-17所示。

图 3-17　VJ 师网

（2）场库网

场库网（https://www.vmovier.com/）来源于V电影，是新片场社区旗下的短片创意库，现在是国内高品质短片分享平台，为用户实时分享国内外各类高品质短片。该平台还提供了影视技能/知识提升、音频/视频素材库等服务，如图3-18所示。抖音创作者可以在该平台提高自身的审美，得到不小的提升。

图 3-18　场库网

（3）Pexels

Pexels（https://www.pexels.com/）提供由 Pexels 授权的高品质且免费的视频图片，所有内容都是精挑细选，为许多设计师、作家、艺术家及其他创作者提供美观的视频，以便其打造令人惊艳的产品、设计，激发创作者的无穷创意，如图 3-19 所示。

图 3-19　Pexels 网站

（4）Distill Beta

Distill Beta（http://www.wedistill.io/）是一个专为设计师打造的免费的视频素材分享平台，提供了大量的高清短视频，如图 3-20 所示。订阅该网站，输入邮箱，平台每10天会向用户发送10个免费高清视频，经过一段时期的积累，对创作者的素材创意绝对有很大的提升。

图 3-20　Distill Beta 网站

3.2　如何打造吸引人的内容

做好制作视频的一些准备后，就要开始着手制作视频内容了。要想创作出有创意的视频，单靠故事情节还不够，了解一些剪辑方式或是特技效果，对我们制作视频大有裨益。要知道讲故事的方法有很多种，更换表达方式能让我们的内容在千篇一律的视频中凸显出来。

3.2.1　改善剪辑的方式

虽然短视频的拍摄内容主要有那么几种，但为了让我们的视频看起来稍显独特，可通过改变剪辑方式达到我们想要的效果，下面来看一些常见的剪辑技巧。

（1）Breathing Room

抖音短视频都有时长限制，要么是 15 秒钟，要么是 60 秒钟。不过虽然是短视频，连续观看，人也很容易产生倦怠感。因此，有些时候我们可以在视频里添加一小段 "Breathing Room"，可以是一闪而过的空白过渡，也可以是 3 秒左右的辅助素材，多以空镜头或者不太重要的镜头（纯风景、事物等片段）为主。这种技巧适合 60 秒的视频内容，可使视频的观感更好。

这样的 "Breathing Room" 除了以镜头作为转换手段，还可配上音乐的变化，使转换更加自然，再搭配一段适时变奏的音乐更加相得益彰。当然如果觉得制作起来麻烦，那么可以简单地变化音乐的音量达到过渡的目的。

比如在一个连续的活动视频中，可在 30 秒或 40 秒的节点，加入 3 ～ 5 秒的辅助镜头，可以是人物特写或空镜头，配合音乐，然后再回到原来的活动视频内，或是进入下一个活动阶段。

（2）开场及结束视频要自然

很多创作者在拍摄视频时也许会注意到开场及结束视频的自然过渡，大多数人会选择淡入淡出或是交叉转场的手法，虽然并不突兀，不过还是稍显平常。要使视频开始和结束更加自然，我们可以利用自然的场景作为开场或结束的视频素材，如缓慢打开或关闭的大门、卡车后备厢、行李箱和窗帘等，有时还可以多准备一些，以备不时之需，如图 3-21 所示。

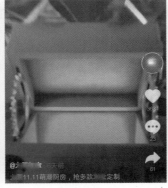

图 3-21　开场效果

如图 3-21 所示的视频，即是通过一个宝箱的开启作为视频开场，宝箱慢慢开启，随即进入另外一个游乐世界，视频观看者就能看到主要内容了，并且有新奇的感觉。

在结束时还可利用上移镜头、移开镜头或失焦镜头，配合音乐（音量变小）来告诉视频观看者，该视频已经结束。如图 3-22 所示的视频，开始是失焦的、模糊的，然后通过突然聚焦，给人眼前一亮的感觉，这也是视频要达到的效果。

图 3-22　开场变焦

还有一种方式即通过片头或片尾字幕的方式来开始或结束视频，既自然又能作强调宣传的作用。

如图 3-23 所示的视频，开场用垂直方向的文字概括了一下视频内容的主体，即"女将军"，然后进入视频内容，展示女将军的风采，既有所铺垫，又能让视频观看者明白视频的大致内容。

图 3-23　字幕开场

（3）J–Cut 和 L–Cut

J-Cut 是剪辑上的一种手法，概念来自字母 J，而字母 J 的底端部分比顶端部分偏左，指在视频处理的过程中，将某段视频的音频往左拖出一部分，这样观众就可以在画面出现前先听到声音，如图 3-24 所示。

图 3-24　J-Cut

由于音频设计往往只比视频多出两三秒，所以音频与视频搭配起来也不会突兀，反而会有一种自然引入的感觉，由对声音的反应转到对视频的关注上，这样使得前一段视频的画面与后一段视频的画面有共同的衔接，以声画不同步的方式形成视频的变化。

与 J-Cut 相对就是 L-Cut，也是一种常用的剪辑方式，从其字母形状上我们也可猜到，L-Cut 指的是在前一个镜头音频还未结束时就剪切画面。常常用于视频内有对话或画外音时，剪切到与对话相关的画面中去，这样观看者就更容易理解视频内容了。

（4）精简视频

对于短视频的拍摄，时间都是以秒来计算的，所以对于视频中的杂质要一一清除、剪辑，如人物对话中的"嗯""哦"等，或是语句含混不清，抑或是沉默的空间都尽量减掉，让视频精简起来，这样才能保证内容是优质的。

3.2.2 加入特效才足够吸引人

抖音视频拍摄好以后，为了让视频更加精彩，我们可以加上特效，将视频的效果体现得更加极致，如图 3-25 所示。

图 3-25　有无特效对比

　　图 3-25 视频加了特效以后瞬间就有趣多了，同时也加深了人物愤怒的感情，将"怒火"的效果外显了出来。如何为抖音视频添加特效呢？主要有两种方法，一是通过抖音 App 直接为视频添加特效，二是通过专业的视频编辑器来达到此目的。

　　抖音平台提供的美颜、滤镜、道具和特效等多种功能，都能达到美化视频的作用，而且素材库也足够丰富，下面一起来看如何在抖音中添加特效。

　　首先，打开抖音短视频进入首页，点击下方的"+"按钮，进入拍摄页面后，点击页面右下角的"上传"按钮。进入视频选择界面，选择需要的视频，如图 3-26 所示。

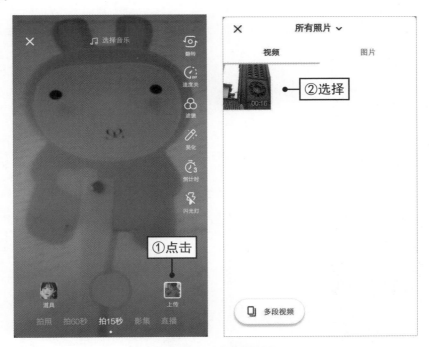

图 3-26　选择上传视频

　　进入视频截取界面，可在该页面选择截取播放的内容片断，然后点击右下角的 按钮调整视频播放的速度，可以选择"慢""标准"或"快"等选项，并通过点击 按钮对视频的呈现效果（向左旋转／向右旋转）进行调整。点击

"下一步"按钮进入特效添加界面，点击"变声"按钮，可对视频的音频进行变声处理，如图3-27所示。

图3-27　截取视频和变声处理

点击"滤镜"按钮，在弹出的素材库中选择合适的滤镜，并直接在画面中进行预览。如果想要添加配乐，可点击"选配乐"按钮，在弹出的配乐素材中进行选择，如图3-28所示。

图3-28　添加滤镜和配乐

接下来就可以设置特效了，点击"特效"按钮，默认进入滤镜特效选择界面，在视频下方有长方形的时间条，将时间条上的白色竖条左右移动，可以选择添加特效的位置。确定好位置后，选择要添加的特效效果，如"老电视"，按住该使用效果即能添加特效。需要注意的是，按住特效效果的时间就是添加特效的时间，松开即停止添加。选择下方的"时间"选项，可对时间效果进行设置，方式与之前一样，如"时光倒流"，如图 3-29 所示。

图 3-29　添加特效

点击"保存"按钮，进入预览界面，确认无误后点击"下一步"按钮，进入视频发布界面，编辑好文字，点击"发布"按钮，即可成功发布。

3.2.3　用视频讲故事

抖音平台上的视频类型大致可分为几类，包括技术流、名人明星、知识讲解类和故事剧情类等。很多用户或商家为了推广产品，会选择用视频讲述故事，用故事附带产品或企业价值观。那么如何在抖音上讲故事呢？具体可参考以下几种方法。

（1）迎合抖音的视频展示方式

抖音短视频的展示方式与传统的优酷、爱奇艺等视频软件不同，前者是竖屏展示的方式，后者是横屏展示的方式。而我们一直以来的观看习惯是以横屏为主，可以说抖音带来了观看方式的革新。

一是更贴合手机屏幕，二是符合用户使用手机的习惯，不用在观看视频时将手机调成横向，三是竖屏播放让用户的注意力更加集中，有利于视频的传播。

因此，在抖音上发布视频最好以竖屏为主，除非特殊情况，尽量不要使用横屏来展示我们的故事内容，如图 3-30 所示。

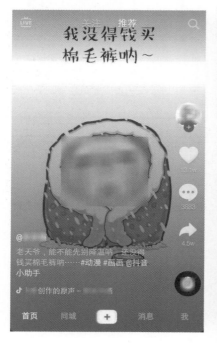

图 3-30　竖屏效果和横屏效果

通过对比图 3-30 所示的例子，我们可以明显感受到，竖屏的画面直接映入眼帘，看起来舒适流畅，而横屏的画面狭窄逼仄，观看起来费力。

（2）场景贴合故事情节

通常我们在讲述一个故事的时候，往往需要一个适合的场景来烘托故事氛围，比如情侣分手要选择雨天背景，浪漫的故事选择落叶的场景，历史故事选择宏大的场景等。只有场景贴合故事情节，才更能引起用户的共鸣，如图 3-31 所示。

图 3-31　午后场景

如图 3-31 所示是某快餐店的推广视频，该视频通过朋友相聚，一起享用美食的情节来展示该店的美食，而选择什么样的场景来呈现故事情节呢？我们从图中可以看到，是一个艳阳高照的午后，这样的场景瞬间就烘托出了午后慵懒惬意的感觉。

（3）突出故事构成因素

有的时候用视频讲述故事，并不意味着要像文字一样平铺直叙，甚至从营销推广的角度来说，故事情节也不是最重要的，最重要的是让人印象深刻。如何让故事情节给人留下印象呢？可以通过突出故事构成的某一因素来做到这一点，可以是人物、风景、天气或者特殊的道具或物品，如图 3-32 所示。

图 3-32　突出人物和天气

图 3-32 左图展示的视频借用了贾宝玉的经典形象，加重了故事情节的有趣性和生动性，并且借助经典人物的广誉度顺利引起用户的注意。而如果只是一个普通人物在故事情节里，就不会那么吸引人了。

而右图是某店铺为了展示自己的服务水平，选择在台风天送货的情节，通过台风天气的渲染，向消费者展现出为了顾客愿意不顾一切的服务态度。

（4）第一眼法则

从人的视觉感受出发，首先吸引人的永远是最好看的人、最夸张的服饰和最广阔的风景，所以说第一印象很重要。对于短视频来说，在第一眼抓住用户的眼球是很重要的，尤其对于用故事内容吸引关注者的视频来说，就更需要一个亮眼的因素，以免用户才刚看到视频，就跳到下一条视频去了。

一般来说，抖音上最吸引人的视频都有以下一些元素：帅哥靓女、萌宠和萌娃等，所以故事的主人公可安排颜值高的人，或是在场景里加入萌宠的身影，起到侧面吸引的作用，如图 3-33 所示。

图 3-33　加入萌宠和美食

图 3-33 左图所示的内容以两只萌猫开头，相信很难有人不停下来看看后面要发生什么；而右图以美食开头，所谓"食色性也"，"吃喝"二字，绝对能够覆盖大多数的抖音用户。

3.2.4　不要错过"蹭热点"的机会

为了营销推广视频，不少抖音用户可谓各出奇招，当然有一招是永远管用的——蹭热点。很多用户在设计视频内容的时候，都会参考热点内容，互相结合以期获得热度。

而蹭热点的本质就是借他人之热度，行自身之营销，其有 3 个特点：爆发力强、传播快和维持时间短，所以要以最短的时间截取最大的流量。而对于很多抖音用户却未必了解所谓"热点"究竟是什么。一般来说，抖音热点分为表3-2所示的3种情况。

表3-2　抖音热点类型

类型	具体介绍
常规热点	即指较常见的、周期性的话题，如国家法定假日、大型赛事、每年的中考、高考等，常规热点的特性有4点： 1. 关注者众多。 2. 出现时间固定，持续时间也明确。 3. 方便用户事先准备。 4. 易扎堆，不易脱颖而出
突发热点	指毫无预测、突然发生的社会事件、明星八卦和影视音乐等，这类热点来得快、去得也快，所以只有相对专业的创作团队才能抓住机会，十分考验创作者的创作能力和制作水平
预测热点	是通过人为观察感觉到的爆点，当然会有预测失误的情况，不过如果创作者能够预测成功，提前准备，很大程度上会有大的成功

了解了热点的类型后，如何蹭热点也是一项技术活，来看看以下蹭热点的方法。

（1）对热点话题进行创新

利用热点话题并不等于照搬别人的视频，而是将热点与自己的视频内容相结合，所以需要有所创新。另外还要选择适合自己的热点，不能随便一个热门话题都要用来发布内容，滥用热点的效果等于没用热点。如某明星眼泪妆上了热搜，不少化妆品企业借此推广自己的产品就非常合理，如果是其他产品就有一种强行推广的感觉，显得十分奇怪。

（2）专注领域蹭热点

要想真正推广自己的账号，只是偶尔蹭一蹭热点是不够的，要学会将自己的抖音账号推广出去，让用户记住自己的特色才能真正宣传自己的视频内容。所以要清楚自己的领域，发布同一类型的视频，蹭同一类型的热点。热点话题的类型很多，包括赛事、明星、美食和特殊行业等，找准自己的定位才能引起其他用户的关注。

（3）时机易过，不要错过

热点话题最显著的一个特点就是时效短，所以"及时"是利用热点的一个王道法则。往往热点发生的一个小时是单位时段浏览人次最多的，一天后热度就明显减弱，而且同类型的视频多了起来就很难引起用户的关注。所以在热点话题产生的 1 小时到 24 小时内，越早发布相关视频内容越好，超过 24 小时就宁愿放弃该热点，这极其考验创造者的成熟度和创作能力。

（4）筛选热点

利用热点话题时要始终遵守一个原则就是"回避争议"，即对于争议性强的话题宁愿回避，也不要强行蹭热度，否则事情发酵后，处于舆论环境中容易损害自身形象。很多网络话题争议大且易出现反转，如果贸然在视频中透露自己的观点，会有站队的嫌疑，易受到攻击和责难，不利于与用户构建稳固的关系。

3.2.5　视频内要有"干货"

抖音上有很多视频内容要么是心灵鸡汤，要么是风景，要么是日常生活，虽然这些种类的视频很有趣也很有生活情调，可以吸引用户的注意力，但是要想稳固粉丝，仅仅做到有趣是不够的，还需要一点"干货"来帮忙。

所谓"干货"就是指有实用价值的视频内容，如生活小妙招、技能技术和实用小知识，并且这些实用信息与我们的账号定位一致，这样用户就有关注账号的需求。常见的"干货"类视频有哪些呢？下面一起来看看。

（1）生活小妙招

生活小妙招通常指日常生活中的经过实践检验的经验，对生活方方面面都有帮助，使日常生活变得更加方便。很多时候我们会在生活小事上碰到难题，这时只要稍微掌握一些技巧，很多问题就能迎刃而解了。如果能抓住用户的这种心理，为他们定时提供一些生活小妙招，就能受到更多的关注，如图3-34所示。

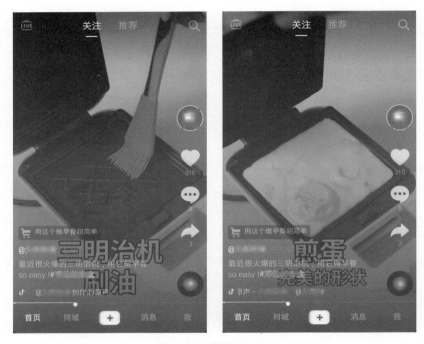

图 3-34　轻松做早餐

图 3-34 所示的是某厨房电器的抖音账号，为了稳固粉丝，该账号经常发布一些厨房生活小技巧，实用且易操作。如图 3-34 所示，相信很多用户都有周末赖床不想做早餐的习惯，如何能简便地做一顿早饭是大家都想知道的。上例视频中只是利用一个三明治机，就教大家做出一份美味的三明治，既推广了自己的产品，又解决了很多用户的赖床难题。

（2）兴趣知识

某一类人群有自己独特的兴趣点和关注点，如喜欢音乐、喜欢电影、喜欢建筑和喜欢古诗等，所以平时就会特别关注这类信息，而抖音账号定期发布其感兴趣的小知识，当然就会被其关注了，如图 3-35 所示。

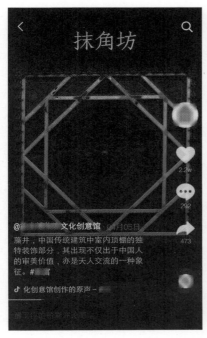

图 3-35 兴趣知识

如图 3-35 左图所示的是某文化创意馆发布的关于中国古建筑的一些小知识，对于古代文化感兴趣的用户是非常喜欢的，而且结合该账号的性质，传播文化内容吸引粉丝的同时，又巩固了自身账号的定位。

右图所示的是某在日语博主发布的关于旅游日本语的小知识，可以吸引想去日本旅游的人以及对日语感兴趣的人，既实用，针对性又强。

（3）技能技术

要说干货视频，可能最能体现这一点的就是专业技能技术领域的视频内容了，这类视频内容一般以科学知识、学科内容、办公技能和绘图技术等为主，提供具体且专业的相关内容，吸引关注此类的人群。由于这类人群可能是职场人士，也可能是备考学生，所以对这类视频的需求度很高，用户也不会轻易脱粉，只要内容够专业，就一定能被其推广，如图 3-36 所示。

图 3-36　办公技能

图 3-36 左图所示的视频展示的是做会议记录的办公技能，右图所示的是图片处理技能，两样技能都是非常专业的，并且都适用于办公人员，关注这类内容的用户通常会持续关注下去，是非常有效的一种固粉方式。

使用抖音
提高品牌知名度

第4章

对于抖音上的很多品牌商来说，带货只是营销目的一方面，提高品牌知名度同样非常重要，短视频营销的新方式可以让品牌传播得更远、更深刻。当然，需要借助一些有利的手段，一是利用蓝V功能，二是要灵活运用各种营销方式。

➤ 抖音上有哪些品牌商

➤ 组建企业号运营团队

➤ 利用好抖音流量池

➤ 5个必备的抖音数据分析工具

➤ 增加曝光率

➤ 企业号的运营思路

➤ 企业号内容调整

➤ 快速学会病毒式营销

➤ 分析抖音榜单数据

➤ 打造品牌官号人设

4.1 玩转蓝 V 企业号

在抖音爆火的时代，不少小店铺、个人营业者及小品牌商都借助该平台营销自己，并从中获利。而对于大品牌来说，是不是已有知名度了就不用再利用抖音营销了呢？

事实上，不少大品牌都在抖音有自己的账号，并且积极参与各种营销，显然任何品牌都不会错过这一营销利器。不过玩转抖音企业号，首先还需对企业号营销的相关内容有所了解才行。

4.1.1 抖音上有哪些品牌商

随着网络环境的不断变化，微博、微信等都承载了运营的功能，直到抖音这种营销方式达到了前所未有的效果，这种短视频内容营销带来了新的革新，对很多品牌商来说，抖音营销既是一种挑战，又是一次机会。

在抖音爆火的这几年，阿里巴巴、华为和优酷等都在抖音上注册了账号。入驻抖音的品牌商具体可分为以下几类。

（1）汽车品牌

利用短视频展示车辆性能、外观是再好不过了，入驻抖音的汽车品牌既有豪车品牌，也有平价汽车，用户覆盖面很广，如图 4-1 所示。

图 4-1　汽车品牌商

（2）手机品牌

与短视频娱乐息息相关的手机品牌也纷纷入驻抖音平台，其中以国产品牌为主，当然也有国外的手机品牌，如图 4-2 所示。

图 4-2　手机品牌商

（3）美妆品牌

由于抖音上有很多妆容教程视频，所以抖音上的美妆品牌非常多，涵盖口红、面霜和眼妆产品，有奢侈品品牌、国产品牌，还有专门的唇部护理品牌，如图 4-3 所示。

图 4-3　美妆品牌商

（4）奢侈品品牌

在抖音运营之初，走的是群众路线，所以十分接地气，导致在抖音大火之后，虽然有不少品牌入驻，但是奢侈品品牌都望而却步，觉得抖音平台的受众与奢侈品品牌的形象不符。不过由于千禧一代逐渐成为主力消费大军，为了得到年轻一代的消费者，Dior 首先入驻抖音，进而不少的奢侈品品牌也不断加入抖音，如图 4-4 所示。

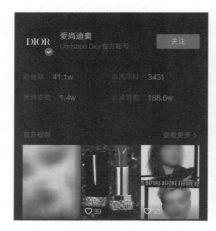

图 4-4　奢侈品牌

（5）食品饮料品牌

抖音平台上的食品品牌也有很多，涵盖零食、快餐和饮料等，如图 4-5 所示。

图 4-5　牛奶和快餐品牌

（6）家用电器品牌

家用电器与很多人的日常生活息息相关，所以无论是冰箱、空调、洗衣机还是豆浆机等品牌在抖音上都有很大的营销价值，所以不少家用电器商在抖音上发布品牌信息推广产品，如图 4-6 所示。

图 4-6　家用电器品牌

（7）服装鞋帽品牌

服饰鞋帽最大的消费主力是年轻一代，所以很多服饰品牌紧跟潮流，结合抖音视频效果为品牌赋予时尚定义，如图 4-7 所示。

图 4-7　服饰鞋帽品牌

4.1.2 企业号的运营思路

自从抖音日活跃用户达到一亿之后，其在商业上的策划就更全面了。为了方便企业运营，打造了企业蓝V号，抖音提供了购物车、昵称保护、自定义头像与外链、跳转权益、视频置顶和私信自定义等功能。这些功能都在一定程度上帮助企业开展推广运营工作，不过这还不够，与传统的运营不同，在抖音平台上首先要了解抖音的推广方式，才能根据抖音的运营特点完成品牌推广。

在微博和微信公众号上没有粉丝就没有流量，没有关注度，而抖音不一样，任何抖音用户发布的视频都会拥有一定的播放量，这是抖音的"流量池"概念。按照抖音平台的某种算法，每个发布的视频都会获得一定的流量，如果该视频在流量池中表现良好，则会被推送给更多的人，越是优质的视频，越容易受到更多关注。

企业号在运营的时候，一定要有别于传统的营销方式，贯彻抖音的"流量池"概念，找准自己的定位，获取有价值的流量。要想获取有价值的流量，就要为抖音用户提供有价值的视频内容。因此，企业在抖音平台的运营思路一定要以"满足用户的消费需求，提供相应的内容服务"为要点，如图4-8所示。

图 4-8　企业运营内容

　　图 4-8 所示的两家企业就深谙抖音的"流量池"概念，在运营中首先为自己定位，有了定位才有实质的内容，才能进行内容运营。如图 4-8 左图所示的企业以"日常搭配"定位自己，然后每天发布日常穿搭的视频内容，从图中可看出获赞量已经达到了 500 万。

　　右图的企业是健身企业，定位为合理健身，每天发布的视频与健身、瘦身有关，粉丝量已经达到了 300 万。在运营成功后，结合抖音为企业号提供的功能，有时一条视频就可以带来 10 万元的销售额，购物车的点击数也以万次计。如图 4-9 所示为企业号的相关功能展示。

图 4-9　企业号功能

　　在进行内容运营的同时，企业还应拓展运营的方式，将运营思路贯彻到底，如图 4-10 所示。

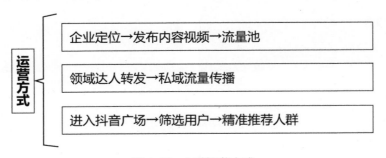

图 4-10　3 种运营方式

虽然运营方式可以不断扩展，但是一定要明白内容的定位和制作才是关键，只要在内容运营的时候多利用平台提供的条件，不断提高内容制作的水平，这样就可以如"滚雪球"般迅速扩大知名度和影响力。

4.1.3 组建企业号运营团队

运营企业号不是一项简单的工作，从蓝 V 认证、寻找视频素材、定位账号、定期发布视频到数据分析、内容变化等，这一系列复杂的工作单靠一个人可能难以面面俱到。

所以创建自己的企业号运营团队很重要，尤其是在互联网运营中要不断面临热点变化、视觉营销疲劳等问题，运营团队需要紧跟潮流，一起制作足够创新及吸引人的视频内容。一般来说，企业号的运营团队应该包括以下三类人员。

①数据分析人员，通过企业的各项运营数据和指标分析企业的热度和运营动态，并通过热点榜了解最新的热度，提出结合热度的创意。某企业账号的近期数据如图 4-11 所示。

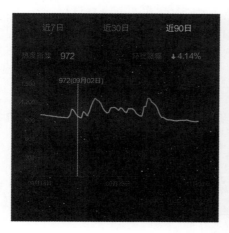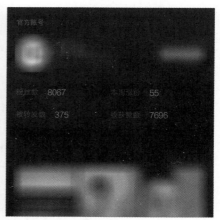

图 4-11　企业号数据

图 4-11 左图所示是该企业近期的热度指数，基本都在 900 以上，说明该企业的热度较高，不过右图所示的粉丝数就比较不尽如人意，说明内容营销没

有达到该有的效果，也没有"狙击"到目标人群。一周涨粉 55 人，这个数字与热度也不匹配，说明看的人多，但留下的人少。总而言之，还需要在内容上下功夫。这其中可能出现的问题就要与内容创作人员一起研究，看是内容定位不准，还是制作水平不达标。

②内容创作人员，既要结合热度制作热点视频内容，还要定期制作日常内容巩固粉丝。内容创作人员需要具备创造力、视频拍摄技能和剪辑技能等多重技能。

③用户分析人员，分析企业数据很重要，分析企业的受众人群和粉丝也同样重要，分析用户也能反过来帮助企业定位自身。另外，为了固定用户，还需要与用户进行充分的沟通、互动，或是发起线上活动、抽奖比赛等。

4.1.4　企业号内容调整

虽然说企业号的视频内容是根据企业定位制作的，但很多时候我们未必一开始就能找准自己的定位，而且找准定位后发布的内容也有可能"偏题"，或者不适合自身，那么就要及时地进行调整。只有不断地调整才能不断改变方向，找到最适合自己的运营方向。来看下面一个例子。

范例借鉴

某专注服饰穿搭的抖音账号，经过一段时间的运营，粉丝数达到了几十万，点赞数也有几百万，通过视频营销带货量达到了 10 万。

对企业号营销来说，这是非常不错的成绩了。不过，该企业一开始并不是这样一帆风顺的，同样经历了很多用户经历过的定位不准、视频内容多杂和找不到重点等问题。

这家企业是生产服饰的企业，一开始其抖音账号的简介并没有明确的定位，而最初发布的几条视频内容都与服饰有关，但是仔细分析其内容，发现从中很难找到重点，如图 4-12 所示。

图 4-12　期初视频内容

　　图 4-12 左图所示是该账号发布的第一条视频，通过该视频企业展示了不同颜色的某款裙子的上身效果，并配上文案"你觉得我最适合哪个颜色？"

　　而右图视频展示的也是该企业的某款裙子，不过通过 Siri 的方式做了一个铺垫。这两个视频都是对产品的展示，虽然视频具有一些创意，不是硬生生的展示，但是对用户来说并没有非要关注的理由。不仅浏览量和点赞量不多，而且粉丝互动明显不足，如图 4-13 所示。

图 4-13　评论界面

　　从图 4-13 所示的视频评论可以看出，在初期该账号明显不重视对粉丝的关怀，左图甚至一条回复都没有，而右图虽然对几个粉丝进行了回复，但是回复稍显生硬、简短，甚至只有一个表情，这显然是不正确的操作。在初期，正是粉丝开始增加的时候，一定要做到礼貌、热情，甚至可以询问粉丝有没有想看的视频内容，以期改进。

　　一段时间后，该企业也意识到涨粉慢的问题，于是开始尝试各种类型的视频，如图 4-14 所示。

图 4-14　改变视频内容

　　图 4-14 左图发布的是拍摄技巧的有关内容，而右图发布的是如何清理衬衣口红的内容，这两个视频的内容类型完全不同，也与服饰展示没有关系。可以说这段时期，该企业在不断寻找一个准确的企业定位，然而却越走越偏，频繁变化视频内容反而导致原来的粉丝脱粉。

　　尽管左图视频的点赞量很高，但还是没有大量涨粉，企业的视频创作人员

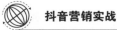

觉得还是得从企业服饰出发创作相关内容。在认真浏览了粉丝评论后，开始发布一些叠衣服的技巧以及打领结的技巧，如图 4-15 所示。

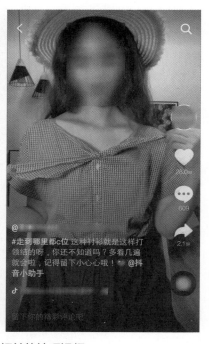

图 4-15　与衣物相关的技巧视频

在得到了一些良好的反馈后，该企业号又相继发布了时尚穿搭的视频，没想到瞬间就涨了大量的粉丝，至此总算摸索出一条适合自身企业营销的道路。于是视频创作人员将企业号定位为"时尚穿搭"，不仅可以展示自身的产品，又能输出有价值的内容，获得大量用户的关注。

不仅如此，为了让视频内容更加美观、成熟，创作人员还对原来的视频内容进行了改进，优化了视频背景，加入了关键开屏字幕，并且适当利用时事热度，发布相应的穿搭技巧，如图 4-16 所示的视频就明显利用了热门影视剧和世界杯赛事的热度，效果显著。另外，在与粉丝的互动中，也明显有了自然、亲切的感觉。这样，该账号一步步朝着正确的运营方向走去，也有了固定的粉丝和人气，开始推广自己的产品。

图 4-16　热门穿搭视频

从上述的例子我们可以知道，找准定位、调整账号内容是多么重要！不过如在正式注册账号时就考虑好账号定位更能事半功倍，否则可能会多走很多弯路，浪费很多人力、物力和时间，也会错过很多的机会。其实通过推荐内容、热点榜等可以浏览不同企业号的类型和定位，从而帮助自己确立可行的定位。

4.1.5　如何将企业号与今日头条账号关联起来

抖音是今日头条旗下的产品，以短视频推广为主，而今日头条另有推广阵地。将抖音和今日头条关联起来可以同时获得两个平台的资源，所以很多企业会将抖音账号与今日头条账号关联起来，可以有以下两个作用。

保障账号安全。由于抖音的注册方式为手机号和第三方注册，如若企业员工变更或第三方账号出现问题会导致抖音账号面临安全隐患，关联今日头条的账号后可通过今日头条账户对抖音的账号信息进行保障。

更多账号管理功能。两个账号关联后能够得到更多的账号管理功能，如页面优化、多维度账号运营数据和粉丝运营工具等，这些功能在 PC 端后台可更好地处理，所以需要今日头条的网站平台来实现相关管理。

下面来看看将抖音企业号与今日头条账号关联起来的具体步骤。首先进入个人账号页面，点击右上角的 按钮，在弹出的菜单中选择"设置"选项进入"设置"页面，然后选择"账号与安全"选项，如图 4-17 所示。

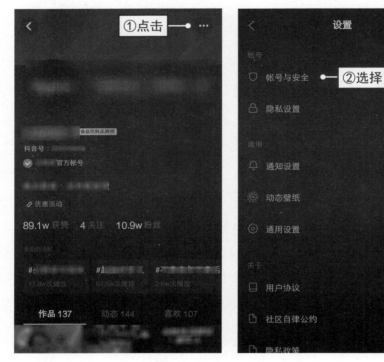

图 4-17　进入"设置"页面

进入"账号与安全"页面，选择"第三方账号绑定"选项，进入"第三方账号绑定"页面，在该页面中可以看到 4 个可供选择的第三方账号，包括微信、QQ、新浪微博和今日头条。选择"今日头条"选项，进行下一步的操作，如图 4-18 所示。

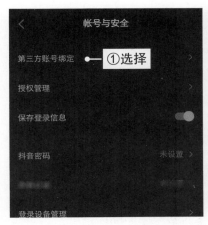

图 4-18　进入"第三方账号绑定"页面

　　输入账号和密码，或是输入手机号和验证码。点击"授权并登录"按钮，跳转至"第三方账号绑定"界面，在弹出的对话框中点击"开启同步"按钮，完成整个操作，如图 4-19 所示。

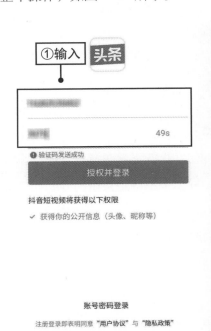

图 4-19　点击"开启同步"按钮

完成抖音企业号与今日头条账号的关联操作后，在账号页面会显示今日头条的链接入口，点击即可进入今日头条平台的账号界面，如图 4-20 所示。

图 4-20　企业账号界面的"今日头条"入口

4.2　用抖音营销打造品牌

商家入驻抖音多是为了推广品牌，如何在抖音平台塑造自身形象是所有商家都要考虑的问题。虽说营销方式多种多样，但哪些是实用的，哪些能带来更高的关注度，仍需要不断地尝试，毕竟实践出真知。而通过一些成功的营销案例，我们大致可以找到一些思路，来引导我们进行品牌推广。

4.2.1　利用好抖音流量池

前面我们在讲企业的运营思路时，提到过抖音流量池的算法与其他的社交平台都不一样，抖音的算法对商家推广来说是极具吸引力的，即抖音的流量分配是"去中心化"的。所谓"去中心化"就是不以红人、明星为中心，每个用户发布的内容都会获得一定的播放量，大概在 0 ～ 200，而这个区间的视频内容统一放在一个流量池内，也可以说是最底端的流量池。要想获得更多的曝光，就要通过抖音的算法进入下一个流量池。

其中有很多商家账户为了获得更多曝光，通过其他的手段获得高点赞量，企图从许多视频中脱颖而出。但是抖音平台的算法升级，结合播放量，还从点赞量、评论量、转发量和完播率 4 个标准来分析视频内容在流量池的表现。所以企业想要利用流量池来推广自己，首先要遵守抖音平台的算法和规则。可能很多商家纳闷儿：为什么我拍来拍去，视频的播放量还是只有一两百，这可能有以下 3 个原因。

①抖音账号的基础数据不完善，一个完善的抖音账号意味着其应该关联的资源平台都已经关联了，能够将所有的资源都利用起来，包括绑定手机号，绑定 QQ、微信、微博和今日头条，能多方面推广自己，并从侧面提升视频播放量。

②不注意发布的时间，一般要选择浏览量大的时间段发布，而不是在清晨或半夜。

③视频内容质量不高，要么是内容无创意也无价值，要么就是剪辑方式太原始，后期制作太粗糙。

 小贴士

根据相关数据统计，饭前和晚上睡觉前这两个时间段使用抖音休闲放松的人较多，比率超过 60%。其他的就是非常碎片化的时间，如上厕所、通勤时间，这些是不好预测的。

所以，商家要发布抖音视频，最好的时间段有 3 个，午饭前（12:00 左右）、晚饭前（18:00 左右）、晚间时段（20:30 ～ 22:00）。另外，在周五晚以及周末也是可以选择发布的。

根据抖音的 4 个标准的算法，我们要知道评论量和转发量的叠加推荐，所谓叠加就是受欢迎的视频会越来越受欢迎，比如转发量达到 10 的视频，抖音会根据相应算法为其加权，将 200 的播放量增加到 2000，在 2000 的播放量里，如果转发量达到 100，根据算法就会持续叠加，我们看到的那些有几百万播放量的视频就是这么来的。

虽然我们无法预测视频能够受到多少人的关注、评论和转发，但是根据流量池的玩法，我们可以预先做一些准备，比如互动提问、引导文案，如图 4-21 所示。

图 4-21   引导用户评论

图 4-21 所示的例子的标题文案就很有技巧，"你怎么看？""你那里降温了没有？"都是与用户的简单互动，并引导他们回答、评论，所以能被推荐。

另外，抖音的算法是有时间效应的，并不是发出来的几天没有被关注，以后就没有火的机会了，在几个月后突然爆火的视频也有很多。抖音的流量池算法是会"沙里淘金"，只要视频在流量池中，就可能被突然带火。

了解清楚后，我们就要更加注重抖音视频的内容编辑，也不要轻易地删除已经发布的视频，也许其还有爆火的机会。

4.2.2 快速学会病毒式营销

病毒式营销指利用公众的积极性和人际网络，让营销信息像病毒一样传播和扩散，营销信息被快速复制传向数以万计的公众人群，就像病毒传播一样快速、易感染，谓之"一传十，十传百"。

病毒式营销是现在最常见的网络营销方法，不少商家用这种方式进行网站、品牌和产品等的推广。其实际是商家提供有价值的产品或服务，通过网络途径的宣传，最终实现火爆的目的。

因为这种宣传是在网络上自行传播，所以成本较低，但效果很大，这全仰赖病毒式营销与其他营销的不同特点。病毒式营销特点如表 4-1 所示。

表 4-1　病毒式营销的特点

特点	具体内容
变消费者为传播者	低成本的病毒式营销利用用户或消费者的参与性，让用户变成宣传的工具、传播流程中的一环，大大减低了商家的营销成本
成倍的传播速度	传统媒体的营销方式以"一到一百"呈辐射状传播，至于效果很难估计。病毒式营销以"1 → 100 → 10000"呈扩张性推广，利用人际传播和群体传播的渠道，实现受众人群成倍增长，传播速度也成倍增加
接收障碍小	大众对广告是有抵触心理的，所以接受度在一定程度上会大打折扣，但是网络传播的信息很难分辨是广告还是其他，因广告是附着在内容上的，并且是自己搜索和关注的，所以接受起来没有障碍，传播效果好
更新换代快	网络传播的一大特点就是更新换代快，生命周期短，不像传统广告，可以连续持久地投放，所以一定要在受众对信息产生疲劳感前尽快变现，才能收获最大利益

要利用好病毒式营销就要知道其 6 个基本要素，这 6 个基本要素包含得越多，病毒式营销的效果就越好。这 6 个基本要素如下。

◆ **贩卖有价值的产品 / 服务**：提供别人需要的有价值的产品或服务才能引起注意，才有传播的人群。一般使用"免费"或"优惠"来引起注意，再在之后的过程中慢慢找到获利的时机。

◆ **传播方式简便**：传播方式简便才利于传播，才更有传播效率，所以承

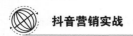

载营销信息的渠道或媒体必须容易复制、转发，如社交网站、软件下载等。

◆ **信息传递范围可扩散**：病毒式营销的最大特点就是爆发，为了爆发就必须如野火燎原般扩散，因此传输范围必须从小到大迅速扩散。

◆ **找到公众的驱动力**：巧用公众的积极性，就要求找准公众的驱动力，如情感、食物和崇拜等。

◆ **利用网络平台**：利用互联网才能实现病毒式传播，而现行的互联网平台有很多，找到适合自己的，或多重平台同时散播。

◆ **利用他人的资源**："别人的资源"即我们今天理解的"热点"，通过有热度的内容，提高营销信息被看到的可能性。

了解了病毒式营销后，很多人都会觉得抖音平台是一个绝佳的进行病毒式营销的平台，很多一夜爆火的视频正是通过抖音实现了病毒式营销，如下例所示。

范例借鉴

最近在抖音火爆的一个视频是什么呢？不是什么新奇的玩意儿，也不是什么高端的技术产品，而是一个关于美食新奇吃法的视频。前一段时间，抖音上突然流行起海底捞的一个神秘吃法。

这是怎么流行起来的呢？原来，一位网友在去海底捞吃饭的时候，利用海底捞的现有食材，搭配了一种新鲜又好吃的拌饭吃法。只要在海底捞点一碗米饭，再加上店内料台上的牛肉粒和火锅番茄底料，就能吃到一碗香喷喷的番茄牛肉饭。

该视频瞬间点燃了抖音网友的参与热情，一时间不少网友都到线下试吃，并发布视频不断推广，海底捞店铺立马抓住这次营销机会，推出了海底捞"抖音吃法"，获得了巨大的人气。

而在传播过程中，网友也是不断发挥自己的创造力，纷纷研究起别的美食吃法，包括抖式蘸料、网红海鲜粥和网红蘸料等，可以说愈演愈烈，海底捞一时之间人气爆棚，收益颇多。

上例是抖音上一起典型的病毒式营销案例，从最开始利用美食新奇吃法，吸引大量网友的注意力，因为视频内容简单易操作，众多网友纷纷参与，成为了传播的一环，然后到线下及时搭配营销，反作用于网络，再到后来不断变化，涌出不少创意，延续火爆的时间。这一连串的操作行云流水，如果商家能够加以借鉴，也能创造不少的利益。

在实际操作中，我们可以着重掌握以下几步操作，能更好地在抖音上实现病毒式营销。

（1）设计好营销信息

所谓营销信息就是我们在抖音上发布的视频内容，制作好的视频内容就是传播的起点。好的视频内容，就是易于传播的视频内容，且需要满足相应的特质。如下所示。

◆ 传播理由之一：具备需要性

我们一般会转发什么样的视频内容呢？首先就是自己需要的或身边的家人朋友需要的内容，如果视频内容能为自己或亲朋好友提供帮助，那么我们自然就会转发，如图 4-22 所示。

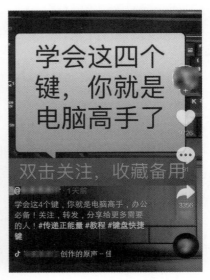

图 4-22 需要性内容

图 4-22 所示的视频内容是典型的需要性内容，分别是养生和电脑操作教程，并且文案设计是典型的"转需"型的，即往往标题模式是"视频概括内容 + 转发给需要的人"，许多用户都有可能转发这类视频。

◆ 传播理由之二：具备话题性

社会交往最重要的就是话题，具备话题性的内容就很可能被用户转发给朋友、家人，然后一起讨论。这就是为什么明星的八卦那么容易传播的原因。

◆ 传播理由之三：提升格调

在抖音上，不少网友也很注重自己的网络形象，尤其是与朋友、家人及同事相互关注的抖音用户，为了维持自己的形象和格调，用户一般都会选择转发一些优质的、可以提升格调的视频内容，尤其对于商务人士、专业技能人士、老师等，他们可能会选择转发一些画质清晰、风格古朴经典的视频内容。

◆ 传播理由之四：引起共鸣

能够引起用户的共鸣的视频，多多少少代表了用户的某些想法。为了表达自己心里的想法，传播自己认同的价值观，大家会转发引起共鸣的视频。

◆ 传播理由之五：参与性强

从之前的案例我们可以看出，容易操作且参与性强的视频是极易被转发的，并且还激发了用户的创造性，在转发的过程中进行自己的改编，这还可以弥补病毒性营销转化率低的问题。

（2）叠加分享平台

我们都在电视上看过传统媒体是怎么打广告的，广告的接收人群难以扩大，只能根据电视平台的收视率来决定。而在抖音这个传播平台上，虽然其内部的流量池算法可以不断叠加，但是用户层都在抖音上。

我们要懂得用叠加平台来扩大用户层，比如在抖音上发布一个视频，可以同步发在微博、今日头条上，这样就能在这两个平台上也获得转发机会，最终的播放量是难以估计的。

（3）线下线上相互配合

这是在抖音才能完成的操作，能将火爆的流量转化成实际的利润。就如海底捞案例中，抖音火爆的"番茄牛肉饭"立刻就能在海底捞的线下实体店内吃到。这说明商家对病毒式营销非常敏感，把握时机立刻打造了"抖音网红款"。

线下的活动还可以反作用于抖音，为火爆的抖音话题延续热度，延长传播的时间，以期传播得更广。

（4）尽力而为

虽然我们可以做很多工作来开展病毒式营销，但是不一定就会成功。病毒式营销成功的概率很低，因为在传播过程中有太多不可控的因素，所以我们只能尽力而为，把握好传播过程的重要节点。

一般来说，在有固定的粉丝量及粉丝量可观时，可以尝试病毒式营销，即使失败也不用担心，因为成本不高；而一旦成功，获益是没有上限的。但是不要过分依赖病毒式营销，保持平常心，尽力即可。

4.2.3　5个必备的抖音数据分析工具

要在抖音平台上进行营销，数据分析是必不可少的工作，进行数据分析能让我们直观地了解自身的不足，从而做出改进。通过数据分析，我们还可以了解用户的相关信息和其他商家的营销长处等，了解的信息越多，越利于我们进行视频内容调整。

要进行抖音账号的数据分析，需要用到一些数据分析的工具，下面来看一些常见的数据分析工具。

（1）卡思数据

卡思数据（https://www.caasdata.com/）平台是国内权威的视频全网大数据开放平台，依托专业的数据挖掘与分析能力，构建多种维度的数据算法模型，以卡思指数来体现红人、节目或创作团队的商业价值全貌。卡思数据平台提供全方位的数据查询、趋势分析、舆情分析、用户画像、视频监测和数据研究等服务，为内容创作团队在内容创作和用户运营方面提供数据支持，为广告主的广告投放提供数据参考，为内容投资提供全面客观的价值评估，如图4-23所示。

图4-23　卡思数据首页

卡思平台的主要功能有MCN管理、红人详情、电商带货、热门视频、抖音BGM、抖音话题、素材库、平台热点、智能筛选、红人对比、粉丝解析、粉丝重合分析、分钟级监测、平台红人分布、品牌追踪和榜单相关，需要用户注册后才能享受相关服务，查看相关数据。

（2）99抖商

99抖商（http://www.99doushang.com/）是一个致力于内容电商的数据分析工具平台，主要服务两大类人群：一是电商人群，帮助商家快速了解短视频内容平台，精准找到适合自身发展的内容推广渠道与方式；二是内容达人，帮助达人快速了解行业动态，创作出更多优质爆款的内容，并且有效结合电商，实现流量变现，如图4-24所示。

99抖商首页有三大主要版块，绝密资料——向用户提供短视频运营的方法，干货多；动态资讯——向用户推送最近值得注意的抖音资讯，如突然涨粉的抖音账号、最近爆火的短视频内容等信息；短视频热门排行榜——提供了粉丝飙升榜和视频排行榜，注册后就可以查看相关账号的具体数据分析了。

图 4-24 99 抖商首页

（3）飞瓜数据（抖音版）

飞瓜数据（https://dy.feigua.cn/）主要针对抖音短视频的热门视频、账号等进行数据分析，如图 4-25 所示。

图 4-25 飞瓜数据首页

首页有以下六大版块。

短视频热门视频及音乐。快速发现短视频平台最新热点，发现实时热门视频，把握短视频热门趋势，借助热点，融入内容创作，获取更多流量。

短视频爆款电商数据。挖掘短视频热卖商品及带货账号，分析商品销量数据，实现精准选品、高转化率电商变现。

多账号高效运营。支持超 200 个短视频账号日常数据管理，如实时的新增粉丝、点赞、评论和转发等数据，监控作品的热度趋势，了解对标账号的数据变化，助力企业机构掌握旗下账号数据动向。

多维度排行榜。细分 34 个垂直行业排行榜，了解所处行业的流量趋势，定位账号内容，寻找优质达人。

更多实用工具。包括数据监控、账号及视频查询、粉丝画像和视频观众分析等工具。

案例分析。提供多个真实案例，对爆红的账号及短视频例子进行详细分析，让用户从分析中得到启发。

（4）抖大大

抖大大（https://www.doudada.com/）数据分析平台为创作者和机构运营提供多种服务，包括查找热门视频及音乐素材，多账号日常管理、数据监测，以及查看各类目下的达人榜单。进入官网首页，用微信扫码登录，就能免费使用相关服务，如图 4-26 所示。

图 4-26　抖大大官网首页

（5）乐观数据

乐观数据（http://dy.myleguan.com/）平台首页提供了今日新增视频、今日新增音乐和今日更新播主信息的相关数据供用户查看了解，并能通过人工智能分析，帮助用户迅速获取短视频优质创意内容，如图 4-27 所示。该平台推出了 App 小程序，用户可以使用手机随时随地进行数据分析。

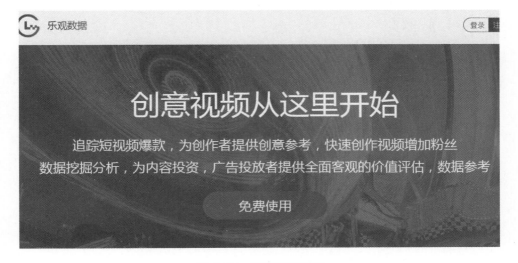

图 4-27 乐观数据首页

4.2.4 分析抖音榜单数据

从如此多的抖音数据分析工具我们可以看出抖音短视频营销的火爆，不少拥有带货能力的商家、网红、达人都备受关注。为了让自己的抖音账号也具备带货能力，我们需要借助相关数据分析工具对这些达人进行分析，了解其账号类型、视频获赞量。下面来看看我们从各种数据中能得到哪些启发。

首先，数据分析离不开各种榜单，常见的数据分析榜单有行业排行榜、涨粉排行榜、成长排行榜、地区排行榜、蓝 V 排行榜和电商达人排行榜等。不同的榜单其侧重的数据并不一样，我们从其中得到的有用信息也不一样。以行业排行榜为例，我们可以对不同行业进行分类，查看不同行业中排名靠前的是哪些播主，如图 4-28 所示。

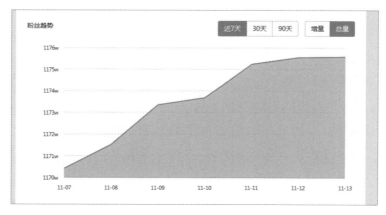

图 4-28　行业排行榜

从图 4-28 中我们可以看出，该平台将抖音平台的账号分为了网红美女 /
帅哥、搞笑、穿搭、种草、健康、时尚、母婴育儿和家居等行业，每个行业的
排行榜单都不一样。图 4-28 对穿搭行业的人气账号进行了排名，并展示了每
个账号播主的相关指数，包括粉丝数、平均点赞、平均评论和平均转发。不过
仅从排行榜我们看不到更关键的信息，需要仔细分析每个播主的具体运营数据，
在图 4-28 中我们可通过点击"详情"按钮，查看想要的数据，如图 4-29 所示。

图 4-29　粉丝总量趋势

　　图 4-29 是穿搭行业某人气播主的粉丝数据，我们可以看到近 7 天其粉丝总量在不断增加，不过结合图 4-30 所示的粉丝增量来看，近期的人气增长有些不稳定。

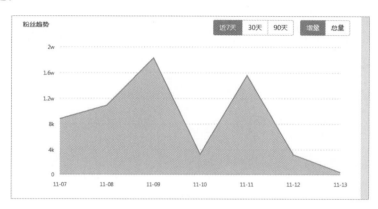

图 4-30　粉丝增量趋势

　　结合图 4-31 所示的该播主近期 10 个视频表现情况，可以看到最近的视频人气不是很高，尤其是后 6 日的视频。这样我们可以把这几日的视频内容进行分析，看与之前的视频有什么区别，自己制作视频的时候也好避免类似问题。

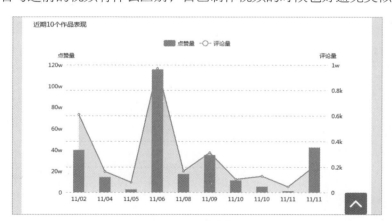

图 4-31　视频内容表现

　　该数据分析网站提供了不同层面、不同维度的数据分析图表，除了粉丝趋势之外，还有点赞趋势、评论趋势和电商趋势分析等。所以我们要明白数据分析不能仅仅依靠某个单一的数据，这样只会让我们产生好或差的错觉。除了行业排行榜以外，大家对电商达人销量榜也尤为重视，因为这是流量变现的直观榜单，是大家进行抖音营销的最终目的。如图4-32所示为电商达人销量榜。

排行	播主	播主类型	播主作品数	粉丝数	播主电商视频点赞数增量	操作
01	近30天上榜1次	种草	36	22.1w	167.8w	详情
02	近30天上榜10次	穿搭	107	782.9w	--	详情
03	近30天上榜26次	网红美女	350	88.3w	322	详情
04	近30天上榜27次	美妆	272	3490.9w	8829	详情
05	近30天上榜1次	美妆	1	2033	--	详情

图4-32　电商达人销量榜

图4-32所示的榜单排名共有50位，榜单中对每个播主类型进行了列示，我们可以知道排名靠前的有种草（15）、美食（8）、美妆（8）、穿搭（10）、明星（2）、情感（1）、剧情（2）和网红美女（4）这几类，而其中种草、穿搭、美食和美妆是比较受欢迎的类别。而根据近一个月的上榜次数和粉丝量我们可以分析出哪些播主的电商号是优质、稳定的。

如某位播主虽然粉丝量只有300万左右，但是近30天上榜24次，说明视频发布后的变现能力很强，通过详情数据，我们可以查看其近期的上榜趋势图、品牌分类、商品分类以及商品列表，如图4-33所示。

图4-33　商品列表

在图 4-33 所示的商品列表中，我们可以看到商品的关联视频点赞总量、浏览总量、全网销售总量和售价等数据。第一件商品是某卸妆水，与卸妆水产品关联的播主视频点赞总量有 97.8 万，相比下面的产品足足高出 30 万。通过点击其后的 按钮，就可以了解更多详细的数据图表，如图 4-34 所示。

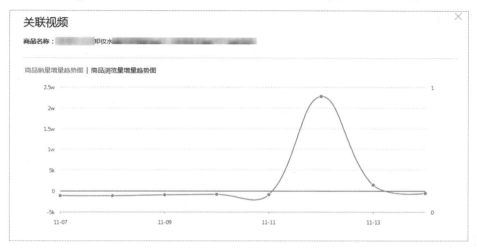

图 4-34　商品销量增量趋势

通过商品销量增量趋势图我们知道在 11 月 12 日这天该产品销量增加明显，说明该产品的视频内容对销量起到了积极作用。在关联视频列表中，可以看到同期的带货播主的视频点赞数对比，如图 4-35 所示。而该播主的点赞数在第一位，是最突出的，可以推断前两日的视频火爆后，给之后的视频和附带商品带来了浏览量和销量的转化。

图 4-35　关联视频点赞数对比

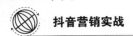

通过榜单和具体数据的查看、分析，我们便可以仔细研究该播主近几日的优质视频，学习借鉴，为自己制作视频做好准备。

不同的数据分析平台提供的数据可能有所不同，但是我们分析查看的标准是一样的，就是多看、多思，既要看综合榜单，也要了解具体的详细数据，了解全面才能借鉴到真正有用的信息。

4.3 运营的几种方法

前面介绍了不少抖音视频的营销方法，从内容到形式都需要创作者全副武装。不过对于账号来说，除了通过视频获取关注外，还有以下办法能够推广品牌和账号。

4.3.1 增加曝光率

现在有了网络营销，无论卖什么产品都要曝光率，只要曝光率足够高，销量自然就高。所谓曝光率营销就是网络经济时代的一种全新的营销理念和营销模式，通过受到高关注度的平台和媒介同时进行营销活动，再加上多个网络平台相互作用的曝光力度，达到极高的有效曝光率。

想要在抖音上获得高曝光率，除了通过优质的视频获得关注以外，我们还可以尝试以下的方法。

（1）关注同领域网红

专注自身视频的发布，将自己的内容做精、做好当然是一条最有效、最可行的推广方法，但有时我们还需要关注一下真正的流量达人，尤其是与自己在相同领域的抖音播主。这一点可以从自己的粉丝入手，看看自己的粉丝除了关注自己还关注了哪些同领域的账号。由于是相同领域，关注他也巩固了自己的账号定位，同时可借助其流量播主的关注度，得到关注。

比如某位用户最喜欢在抖音上看一些有关服饰穿搭的视频，所以其关注了很多穿搭网红播主，并通过其关注列表和被关注列表浏览到许多同样是穿搭领域的视频播主，且一一关注了。

所以尽量多去关注同领域的网红播主，也可能在无形之中被其他用户关注，得到一些曝光率。

（2）与同领域网红互动

由于网红播主发布的视频自带曝光率，会被很多抖音用户看到，所以经常高频率地与其互动，也可充分曝光自己的账号，具体做法有 3 种。

①可以点赞最新的、流量高的视频。

②尽量在第一时间评论同领域的优质视频，争取得到播主的回复，让更多的人看到你的评论。

③了解同领域网红播主为哪些视频点了赞，自己也要去关注和点赞，得到更多互动的机会。

（3）与同领域网红合作

前面两种增加曝光率的方法还太有限，而直接与同领域的网红播主合作是比较直接、高效的方法，当然要在资金足够的情况下才能实现。可以通过与其合拍视频、@你的账号和置顶你的视频等来合作、互动，这样能为自己的账号带来很多人气。

（4）置顶高人气的视频

企业号一般都有置顶视频的功能，我们要善于利用这个功能，将所有发布的视频中，人气最高，点赞量、评论量最多的加以置顶，以期获得更多的曝光量。

4.3.2　打造品牌官号人设

现在明星都有人设，有了人设才能吸引相关的粉丝，所以说人设也是一种引流和吸粉的利器。同理，企业也应该有自己的"人设"，有的格调高雅，有的接地气，有的是品牌中的"战斗机"……

打造企业号的人设不是一蹴而就的事，需要长时间去做这件事，不能操之过急，做好每一步，人设自然就立起来了。那么我们需要从哪儿入手，还要在哪些方面有所设计呢？首先还是要从账号简介入手。

（1）账号简介

账号简介是立人设的第一个"点"，也是非常简单的一个点，只需通过简洁精练的语言准确反映出企业号的人设就行，如图 4-36 所示。

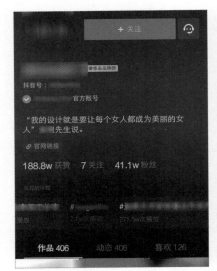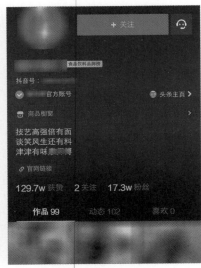

图 4-36　企业简介

图 4-36 左图所示的是某奢侈品品牌的账号简介，其账号简介只是创始人的一句名言，既向用户展示了品牌的服务对象和服务宗旨，又从侧面展示了自信、骄傲的态度，十分符合奢侈品品牌的"人设"。而右图所示的是某方便面品牌的账号简介，通过一种打油诗的形式来做品牌简介，有趣的同时为品牌赋予了生气、简单方便和老少咸宜的风格。

对于被视频吸引而点进账号主页的用户来说，看到账号的简介就能明白其风格和类型，有人爱高端，有人接地气，是不是自己喜欢的一眼就明了，所以简介要花心思去填写，这是立人设的第一步。

（2）视频封面

每发布一个视频，我们都要为视频选择一个好看的封面，以吸引用户，只是很少有人注意到视频封面也是立人设的一个要点。统一视频封面的风格更能加深账号人设的印象，如图 4-37 所示。

图 4-37　视频封面

图 4-37 展示的是两种不同"人设"的企业账号的部分作品，其封面风格都很统一，这样我们一看就能感受到左图的风格是"高端技术流"，而右图的风格是典型的"网红营销风"。

统一的封面风格在无形之中为企业账号加固了人设，增加了用户对账号的信任感，更能吸引用户关注。

（3）内容垂直

在之前的章节中我们就已经讲过内容垂直的重要性，对于打造企业人设来说，内容垂直也能从侧面反映企业的整体风格。如果盲目追逐热点，东换一个内容，西换一个内容，今天发技术性内容，明天发剧情性内容，只会让关注者觉得"人设崩塌"，进而取消关注。

（4）互动行为——不同互动类型不同互动方式

企业号与用户进行互动时也不要忘记自己的"人设"，要做符合自己人设的互动才行。互动的形式包括评论、私信以及直播互动。虽然这3种互动方式形式不一，但是要注意的要点都一样，就是在与用户对话时保持企业形象，不能依照个人的性格与用户随意互动，这样用户会产生落差感。

如某奢侈品品牌的评论中从来没有官方号的评论，这一点就非常符合其"高冷"的人设，不必为了讨好粉丝而进行刻意互动。而对于一些网红播主来说，其与用户的互动就亲切多了，在评论里常常用到"啦""呢""亲"和"宝宝"等词语，或是利用一些表情拉近距离。

成功打造抖音
爆款企业号

第5章

想要根据品牌的特点打造抖音爆款企业号，除了掌握基本的营销方式之外，还需要根据行业的区别选择应该重点营销的内容，再结合互联网营销的特点，让发布在抖音上的作品二次传播，造成"炸裂"效果。

➤ 企业发布的3种类型内容　　　　➤ 怎样做到二次传播

➤ 餐饮行业如何营销　　　　　　➤ 旅游行业如何营销

➤ 农产品如何营销　　　　　　　➤ 游戏领域进行的营销

➤ 汽车行业如何营销　　　　　　➤ 爆红产品的特点

➤ 将品牌打造成"网红"景点

5.1 仔细挑选发布内容

企业号在发布内容时，需要精挑细选，不能想到什么内容就发什么内容，从推广的角度来考虑，一般都是发布利于传播的视频内容。在前面的章节中我们也提到过哪些内容会有热度，对这些内容进行分类可以知道，适合企业号发布的内容有 3 类。

5.1.1 企业发布的 3 种类型内容

虽然抖音上有很多各有特色的视频内容，但不是每一种都适合企业号发布。而对于企业号来说，既要推广自己，又要维持企业人设，还要卖出产品，所以应该着重发布以下 3 种类型的视频。

（1）印象化内容

印象化内容是针对品牌塑造而言的功能性视频，通过视频内的企业形象能全方位地展示和推广品牌。这类型的视频会通过不同的形式来展示企业标签，如下所示。

◆ 其一，场景印象

视频内通过与企业品牌或产品相关联的场景来固化企业的印象，让用户在看到相关场景时就能想到企业品牌或产品，如图 5-1 所示。

图 5-1　场景印象

图 5-1 左图所示是某款吉普车的视频场景，可以看到一对情侣越过层层阻碍，终于登上山顶，并在山顶享受自然风光。该视频的文案也用到"一览众山小"这样的诗句，打造了吉普车狂野奔放、壮阔进取的外形特点和功能特点。而浏览其作品列表，可以发现其视频场景多选用山顶、雨天、扬尘和冲浪等，有意地打造品牌的侧面印象。

而右图所示的是某国产化妆品品牌的视频场景，由于该品牌宣传自己的产品是天然无刺激的，所以可以看出其在场景选择上也花费了心思，选择竹林、花园和茶园等场景营造自然之感，色调也总是偏向新绿，清新感扑面而来。

◆　其二，logo 印象

通过在视频中不经意地展示企业的 logo，将 logo 与企业的关联性加深，进而使大家在看到企业 logo 的时候就能想到企业产品。

◆　其三，门店印象

将视频的拍摄背景选为企业的任一门店，除了加强宣传，还能为门店带去人气，而且由于门店在线下，与用户的接触更多，也能使用户对视频内容产生亲切感，如图 5-2 所示。

图 5-2　门店印象

◆ 其四，音乐印象

很多品牌，尤其是电子品牌，可能会为产品的广告视频制作一段专属音乐，并且多次使用，让听到该音乐的人立即就能想起该品牌。在抖音平台上，创作者也可以加深用户对企业的印象多次在发布的视频作品中使用原创的音乐作品利用这个方式。

（2）话题类内容

之前我们提到过，要想内容火爆就要懂得借助热点，所以企业发布的视频类型中有一类必然是热点内容，这里就不再赘述了。

（3）广告视频

虽然抖音的日常视频以营销为主，可以发布许多不同类型的有利于推广的视频，但是最终的目的还是流量变现。由于抖音平台已经具备了与电视平台一样的传播性，只要粉丝量足够，可以周期性地在抖音上发布企业的广告视频。当然时间节点要仔细选择，一般选择大促期间，如双十一、企业周年庆等。另外，广告视频的内容也要多样，可以是 TVC、微电影广告片和代言人宣传片等，且要选择画面流畅、内容精美的视频，如图 5-3 所示。

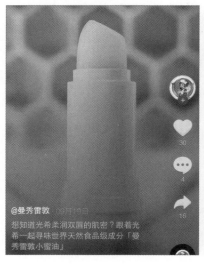 

图 5-3　广告视频

5.1.2 怎样做到二次传播

二次传播是一个经典的传播学概念，在营销领域特指广告内容在首次传播后，又经过另外的媒介再次传播。在各个互联网平台中，这种概念相当于分享、转发和转载。

二次传播的概念在互联网时代已经有了质的变化，一个火爆的视频内容不仅仅会被二次传播，还会被 3 次、4 次……100 次地传播，在传播过程中还会加入传播者的评论或创意。一个视频内容经过二次传播的次数和参与的人数越多，视频的影响越大。

通过短视频的方式进行营销，与传统的营销渠道最大的不同是短视频可以二次传播，这是现代营销中最重要的一点。通过这种二次传播的方式能让宣传视频获得无限的流量和传播价值，而这背后带来的利益是不可估量的。

在抖音平台上发布和制作短视频的时候要考虑到该视频是否能够进行二次传播，这是企业号应该看重的营销方向之一。为了让短视频有二次传播性，我们需要让视频拥有某些特质，包括交流讨论性和认同感。

（1）交流讨论

无论是微博，还是抖音，都是社交平台，社交平台的一个最重要的功能就是提供交流讨论，用户在平台上就各种内容发表看法，要么点赞，要么评论，要么转发，这也是商家能在抖音上进行营销的核心。

所以要想自己的视频内容能够引起二次传播，就一定要有人讨论，只有讨论才能引出用户的参与感，才能让用户自觉自愿地传播视频。当然除了基本的点赞、评论操作，抖音平台还提供了其他的交流讨论模式，如"挑战赛"和"话题活动"，抖音中凡事与挑战活动有关的，都容易引起上亿次的播放量，带来的效果十分惊人。

（2）认同感

认同感是指企业号的粉丝对账号的认同和拥护，这就是所谓的"粉丝效应"。为什么很多企业会选择明星来当企业代言人，就是因为不少粉丝会为明星买单，背后的动力源于其对明星的崇拜和拥护。企业号要想获得认同感，成为抖音平台上的"明星"，一方面需要在产品上下功夫；另一方面要等到企业号成熟后，才能通过账号粉丝获得二次传播的粉丝渠道。

利用粉丝进行二次传播，除了利用其对账号的认同和拥护，其实我们也可以用一些小技巧，让粉丝为你买单。比如通过转发参与抽奖活动，点燃粉丝的积极性。这样当你的视频发出后，粉丝立刻就会大量传播。由于不能每个发布的视频都进行转发抽奖，所以要尽量选择有价值的视频，让其获得二次传播的机会，让视频为企业带来更多的流量和销量，如图5-4所示。

图5-4　关注及转发抽奖

5.2　不同行业的营销关键

抖音上的企业号各式各样，数量繁多，很多企业号最初进入抖音的世界中，可能会稍显迷茫。千奇百怪的营销方式可能让人眼花缭乱，什么营销方式适合自己，可能自己也不是很清楚。或许从行业的角度我们可以找到一些头绪，以行业的特点来做营销，营销效果会事半功倍。

5.2.1　餐饮行业如何营销

自从抖音火爆以后，不少行业都纷纷进军抖音，其中最积极的便是餐饮行业，由于餐饮行业受众面广，又在所有人的日常生活中占据一席之地，所以在抖音上进行营销是十分适合的。

餐饮行业有餐饮行业运营的方式，不能一味地按照大众的营销方式去尝试，那样只会浪费时间。那么餐饮商家应该怎样在抖音上营销呢？

（1）塑造行业达人

在餐饮行业塑造行业达人非常容易，因为厨艺、刀工等都可以成为吸引用户的炫技方式。如果在自己的店面中打造一个网红店员，就能在无形之中为店面带来人气。

比如拉面店可以打造拥有绝活儿的拉面师傅，上传其高超的拉面技巧视频，一定会吸引很多用户的目光。接着在线下为店内用餐的顾客表演拉面技巧，线上线下相结合，说不定直接就带火了店面。

如果不是个人商铺而是连锁店面或是餐饮品牌，可以鼓励店内员工开通抖音账号，并不时地上传店内工作的视频。有的员工是店里的面点师，有的是刀工师傅，如果员工个人的工作技能高超，就很容易火起来。这时就可以利用火起来的员工打造餐饮品牌 IP，推出周边，如玩偶、动画形象等，并与餐饮品牌绑定，增强用户的黏性。

（2）食品安全

餐饮行业有一点是非常特殊的，即食品安全。所有消费食品和饮品的用户都会关心该产品的安全卫生问题，无论是从食材、制作手法，还是从加工、清洗等各个环节，如果商家愿意向顾客展示，那么一定会受到顾客的重视。所以餐饮账号可以定期在抖音上发布食材选购、处理及制作加工的视频内容，如图5-5所示。

图 5-5　食品卫生

图 5-5 左图是某家面馆在抖音上上传的一碗面的制作过程，从鱼肉的选择清洗，香菇的制作，再到面碗的消毒和上餐，每个环节都体现了面馆的用心和细心，顾客能从这个视频中看到店铺的责任心。出于安全卫生的考虑，不少消费者都会被吸引，认为值得一试，至少干净卫生。

右图是某品牌辣条的生产加工过程，以抖音短视频的方式将其呈现给了消费者，并且放在企业作品的置顶位置，可见其营销的重点。由于辣条这种零食一直给人不卫生、不健康的印象，因此大家都不提倡吃这种零食，可以说其在零食圈的地位很低。为了打破这一印象，该品牌从一直被诟病的方面入手，以食品安全来营销自己的产品，打消了消费者的顾虑，提升了品牌形象，同时提高了产品的销量。

（3）"POI"营销

POI 是 "Point Of Interest" 的缩写，意为 "兴趣点"，在导航中意为位置信息点。一个 POI 可以是一栋房子、一个商铺、一个邮筒或一个公交站等，而在抖音上 POI 可以理解为定位，即店铺的定位。

POI 功能是抖音为商业账号提供的，尤其是餐馆企业号，可以让餐厅获得专属的位置，在刷到餐馆的视频时就可以看到 POI 定位图标，如图 5-6 所示。

图 5-6　"POI" 功能

对该餐馆感兴趣的用户可以通过视频内的定位图标，得到更多该店铺的详细信息，如图 5-6 右图所示。餐馆通过添加 POI 信息，在 POI 详情页就会呈现详细的店铺地址、人均消费、联系方式、推荐菜品和优惠卡券等信息。更重要的是该餐馆能获得线上到线下的转化，得到最实际的利润。

所以，对于抖音的 POI 功能，餐饮商家应该好好利用，看似简单，实际上有巨大的营销价值。可以说，POI详情页就是线上用户与线下门店的连接点，能直接为线下门店导流。

（4）新奇吃喝

新奇的玩意儿总是会引人注目，当人们已经习惯一种吃喝方式，就丝毫不会觉得眼前的食物有多特别，多吸引人。但如果有人将常见的食物玩出新花样，那么很多人都会被吸引。一来可以引起抖友的讨论，二来可以增加餐厅的曝光度，不失为餐饮企业营销的好方法。

（5）门店出场率

推出门店是营销餐饮的另一种方式，即在拍摄短视频的时候尽量将场景选在线下的门店里，一是为了提高门店的曝光率，二是展示餐馆的经营环境，为消费者留下好印象。

以门店为视频背景的时候，尽量将门店特色放入视频中，或是拍摄与用餐有关的小故事，如图5-7所示。

图5-7　门店特色

图 5-7 左图所示的视频是某餐馆的促销视频，以门店为视频背景，并展示餐馆的一些特色美食，通过彩色字幕向用户传递打折促销的信息。从视频中我们可以看到餐馆布置浪漫，食物精美诱人，作为营销短视频来说是非常合格的。

右图的餐馆就更有特色了，由于是主题餐馆，该餐馆在上传短视频时也着重突出主题餐馆的特色。从视频中我们可以看出餐桌椅都被课桌椅替代，餐馆布置更像是教室，不少人都会被这种青春氛围打动，从而达到餐厅营销的目的。

（6）网红试吃

现在，有一类视频有极高的流量，称作吃播。吃播是从日本传来并形成了一种具有经济效应的视频营销方式。吃播经济，是以互联网为媒介直播吃东西的过程，这种"吃播"模式从 2014 年开始火起来。在抖音的发展下，开始不断涌现一些吃播播主，有的还拥有超高的人气。

若是请这些人气吃播播主或是美食达人到店内试吃，一定会拉动店内的人气，同时这种宣传与吃播的性质相符，不会突兀，消费者不会觉得反感。

在选择吃播播主时，要注意其人设与餐饮美食的重叠性，如自助餐可请"大胃王"人设的美食达人来宣传，甜品店可请常做甜品吃播的播主来合作。当然，请网红试吃需要一定的宣传成本，需要商家核算是否划算。

5.2.2 旅游行业如何营销

我们国家的名胜古迹数不胜数，不少朋友都想有机会能一览大好河山。不过很多的景点虽然风景优美，但却鲜为人知。现在随着抖音的营销模式的发展，让很多绮丽壮阔的风景为人所知，并迅速成为了"网红景点"。

很多旅游景区和旅游行业看到了抖音的营销价值，开始利用抖音短视频宣传各地的风景名胜，不过效果各有不同。有的地方虽然风景新奇，而且并未被过多地开发，却还是人气不够，这其中最重要的原因还是没有找到适合旅游行业的营销方式。

如今在网络上最火的旅游城市是哪儿呢？那莫过于重庆、西安了，尤其是重庆的洪崖洞，现在可谓是重庆必去的景点之一，如果你没有去洪崖洞，等于没有去过重庆，原因如图5-8所示。

图5-8　洪崖洞与千与千寻

图5-8左图所示是重庆洪崖洞景点，右图所示是著名漫画家宫崎骏的动画《千与千寻》里的名场景，是动漫电影中的主要元素，是不是很相像？在以前，可能洪崖洞只是洪崖洞，不过经过抖音播主的对比介绍后，瞬间就火爆了抖音，并为该景点带去了不少的游客。

虽然说"有心栽花花不开，无心插柳柳成荫"，想要火不是那么容易，但是利用一些有效的营销方法还是能为我们带来一些流量。

（1）取景地效应

现下虽然旅游业在中国蓬勃发展，但是除了节假日，其余时间也不是十分风光，只有更优质的旅游产品才能打动游客。旅游业企业账号在内容宣传上可以参考"洪崖洞"的案例,将景区与知名电影、电视、动漫和小说等联系在一起,可以借助其名气为自己带来人气,并且可以通过电视、电影的不同展示,让人们看到景点的另一种美,如图 5-9 所示。

图 5-9　动漫取景地

图 5-9 所示的景点都是动漫电影的取景地,动漫大火后,立即就有很多旅游播主、旅游 App 企业号制作相关的旅游产品,通过电影的热度,为旅游景区带去游客,实现旅游产品的营销。

(2)旅游知识大盘点

虽然旅游行业与其他行业差别很大,很多时候必须要展示自然风光才能吸引用户停留,但是有创新就有通道。某旅游播主通过向粉丝介绍景区的历史小故事得到了很大的关注度,可见不见风景也能宣传风景。

出门旅游去到一个陌生的城市,肯定有许多的不安和困惑,要么是交通,要么是语言,要么是住宿,如果有人能一一解答这些困惑,自然就会被人关注,如图 5-10 所示。

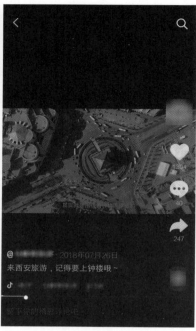

图 5-10　旅游知识帮助你

图 5-10 左图所示为某旅游 App 企业号发布的有关日本规章制度的知识短视频，视频首页的字幕标语写着"在日本扔垃圾竟然要坐牢？"如果近期要去日本旅游的朋友可能就会格外注意并且关注；而右图所示的则是有关西安著名景点钟楼的一些历史知识，相信会吸引某些用户将西安作为旅游地点。

（3）旅游攻略

现在交通发达、网络覆盖广，一切都是那么方便，在旅游业这一块，很多人渐渐不想通过报团去游览风光，所以出现了自驾游的游客。但是，自由行也需要提前做好准备才行，比如衣物、药品、证件和机票等。当然最重要的还是一份详尽的旅游攻略，即旅游的计划流程，主要内容有时间、交通、住宿和景点选择。为了迎合市场，很多旅游小程序会提供各地的旅游攻略，以帮助用户节省时间。而在抖音上，旅游攻略的形式可以由文字转变为短视频，如图 5-11 所示。

图 5-11　旅游攻略

图 5-11 左图所示为游清迈的攻略视频,通过视频和字幕的方式展示了泰国清迈的著名景点,给用户指明了方向,不仅提高了企业知名度,还可以搭配销售对应的旅游产品;而右图所示的是拍摄洪崖洞的绝佳地理位置,很多游客去到一个旅游景点,都想要拍漂亮的照片,但怎么选择合适的位置是一个难题,视频通过洪崖洞拍照攻略轻松帮助游客解决了这一问题。

5.2.3　农产品如何营销

不少商家都因为抖音的红火而带动了自己的产品,其中不乏一些最常见的农产品。而以抖音的营销特质和面向人群来说,越是接地气的产品就越容易火爆,所以在抖音上推销农产品是非常合适的,这样就能解决农产品销售渠道单一的问题。但是农产品要如何借助抖音短视频进行营销呢?

首先在发布短视频前,我们需要好好思考应该发布什么样的内容。可能对于很多农产品推广者来说，有关农产品的视频都不太容易拍，因为抖音上的视频要么是"炸裂"的，要么是新奇的。不过只要找准方向，也能让用户认同你的视频内容，可以从以下 3 种视频类型入手准备农产品的拍摄内容。

（1）农产品种植科普

很多我们常见的产品其生产过程是全自动或是机械化的加工流程，而农产品与其他产品不同，它是一个自然和人工干预的成长过程。在农产品的种植过程中，有许多有趣的知识和现象，如果能够展现出来，一定会引起很多用户的关注。

所以创作者可以从农产品种植过程入手，用短视频的方式讲解一些有关栽种、除虫、施肥和摘果等的科普知识，如图 5-12 所示。

图 5-12　种植科普

图 5-12 左图所示为猕猴桃中的一类——猕宗在种植过程中的一些科普知识，涉及灌溉、施肥和产量控制等方面，让用户充分了解了此类猕猴桃的种植

方式和特别之处，在不露声色之间展示这种水果的所有优点，还带有科普性，从而顺利推广这类水果。

右图展示的是某果园经过精细的施肥后，顺利结果并大获丰收的视频。主要介绍该类水果不同月份所施化肥有所不同，九月应施有机肥，三月应施平衡肥，六月应施高磷肥，采果前应施高钾肥等。这样让用户认识了不少的化肥种类，还知道果子有足够的营养，也了解到农场主人对种植的尽心、细心。即使当下不会立即购买水果，也容易得到用户的关注。

（2）农产品常识科普

对于农产品来说，我们接触得最多的就是直接食用或是烹煮成菜，所以很多用户对农产品的选用、切剥方法及实用方法等很感兴趣。因此创作者可以在短视频内多展现一些农产品常识，更加日常，而且实用，并定期发布这类内容，一定会获得一批稳定的关注者，如图 5-13 所示。

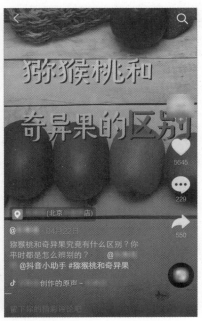

图 5-13　水果常识科普

图 5-13 所示皆为有关水果类农产品的常识科普，左图介绍了洗水果的方法，帮助大家解决了水果洗不干净的难题；右图介绍了奇异果和猕猴桃的区别，教大家如何选到自己心仪的水果。两个视频都从日常出发，贴近我们的生活，还能帮助我们解决一些时常会遇到的困扰，做到推广和解惑两用。

（3）美食教程

农产品一般都是用来吃的，虽然大家在日常生活中都有自己的方式方法，但有些农产品的吃法多样，我们可以通过视频和用户分享一些新鲜好吃的方法，用户可以参考制作，加强用户的参与性，更能实现农产品视频的价值变现，如图 5-14 所示。

图 5-14 制作美食教程

图 5-14 左图展示了梨子的新奇做法，并通过步骤一一讲解，教会用户做这道不一样的水果甜点；而右图利用酸奶和水果呈现了一道水果薄脆，可谓别出心裁，而且注明是夏天专属，一定能吸引许多用户的目光。

除了对一些特定的内容进行展示之外，在制作手法上还要遵循某些技巧，主要有以下的几点。

①尽量用抖音软件自带的拍摄功能进行拍摄，这样能保证视频为原创比例，能够被系统识别并优先推荐。

②如果条件不合适，无法用手机达到拍摄效果，可以使用单反，尽量避免在上传的过程中被压缩，从而使分辨率降低，影响画面观感。

③从上面几个例子中我们已经看到，视频在呈现上不是单一的，而是添加了字幕来提醒关键点，所以为了丰富内容，着重展示，可以适当添加一些字幕。

5.2.4　游戏领域进行的营销

我们在抖音上可以看到各种各样的产品营销，都有不错的成绩。对于注册用户的年龄基本在 35 岁以下的抖音来说，游戏营销早已拉开序幕。作为一种新兴产业，手游一直备受年轻人的喜爱，已逐渐成为许多年轻人娱乐消遣的首选。由于手游与抖音在用户上的高度重合，因此抖音的发展也为手游的营销带来机遇。不少游戏达人在抖音上都有自己的账号，如图 5-15 所示。

图 5-15　游戏达人

很多游戏达人、游戏"大V"通过抖音上传自己的游戏视频，或是推荐好玩的游戏，获得了不少用户的关注，这些游戏达人动辄几十上百万的粉丝，影响力不可小觑。所以，其对推广好玩的小游戏有着很大的作用，如下例。

范例借鉴

有一款现在很火的小游戏——36种死法，是由Snowink制作开发的一款游戏合集，玩家通过操作火柴人进行各种挑战。该款小游戏上线两年，一直在小众范围内具有认知度，突然有一段时间热度非常高，在AppStore免费榜上的排名直逼王者荣耀。该款游戏是如何突然有此热度的呢？

原因在于某抖音KOL发布了该游戏的体验视频，如图5-16所示。这次行为连营销都不算，只是这位抖音KOL的个人推荐就带来了巨大的流量，造成了滚雪球般的效果。

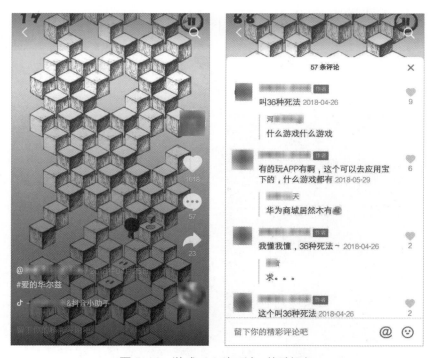

图 5-16　游戏"36种死法"体验视频

上例所示的游戏已经上线很久了，线下并没有获得较大的关注，而在抖音上被大家认知，我们从中可以了解到抖音推荐的巨大作用。一般来说，进行游戏营销需要结合游戏的特色，展示合适的内容，才能抓住用户的痒点。上例的游戏，其玩法以简洁、轻松为主，加上一些挑战的游戏设置，人物形象带有一点小趣味，这样才能在很短的时间展示其主要的特色，吸引大家的眼球。

抖音上热门的游戏大概有几类，分别是休闲益智类、竞技类和角色扮演类等，除此之外，越来越多其他类别的游戏也纷纷加入抖音，而进行推广的常用方式有 KOL 推荐、企业号运营等。

如王者荣耀也在抖音注册了企业号来运营，那么什么样的内容是游戏号运营应该常发的呢？无非两类——专业和非专业的游戏内容，一类是游戏解说，另一类是个性化展示。

（1）游戏解说

通过对游戏玩法的详细解析，让用户了解该款游戏并顺利上手，如图 5-17 所示。

图 5-17　游戏攻略

图 5-17 左图所展示的是某游戏的直播情况，播主通过一边直播自己玩游戏的视频，一边讲解玩法，并指明段位和游戏阶段，吸引感兴趣的玩家关注；而右图所示就是非常纯粹的游戏攻略，通过思路图、重点视频展示分析来教玩家真正的技法，针对的是已经上手并有经验的玩家。通过专业性的游戏解说，在展示游戏的同时输出一些有价值的内容，能够吸引一些粉丝关注，并且不容易脱粉。

（2）个性化展示

个性化展示的内容和方式有多种，可以按如图 5-18 所示展示重要赛程的经典片段来吸引游戏粉关注。

图 5-18　职业联赛经典视频节选

通过重要赛程的展示来吸引玩家，只能针对已经非常大众的游戏才能奏效，因为只有这些游戏才会举办大型的赛事，如英雄联盟、王者荣耀。而对于小众游戏只能展示其有趣的地方来吸引玩家，如图 5-19 所示。

图 5-19　有趣小游戏合集

在推荐小众游戏时，突出其本身的特点非常重要，如图 5-19 右图所示的视频封面字幕写着"魔性""沙雕"，通过这两个网络词语的直白表述，就能吸引目标玩家，所以必要的字幕不可少。

5.2.5　汽车行业如何营销

随着人民生活水平的不断提高，很多家庭都至少有一辆私家汽车可以使用，所以汽车的销量也在不断上升。不过行业竞争也不小，所以汽车品牌也不能守株待兔，需要主动出击，积极营销，而抖音也成为了"兵家必争之地"。除了直接在抖音投放广告，通过企业蓝 V 号发布相关视频自然是首选，怎样发布视频才能达到应有的宣传效果呢？

（1）品牌宣传要宏观

汽车行业与其他生活类产品不同，许多人买车都是看品牌的，选择品牌就是选择一种理念，所以选择视频内容时要突出品牌价值观，从宏观的角度来展现车辆信息，不必太注重细节，如图 5-20 所示。

图 5-20　多款车型齐上阵

图 5-20 两个视频以雪地、大桥两个不同的场景来衬托车辆，展示了该品牌旗下多款车型，给人以声势浩大、实力雄厚的感觉，起到了加深品牌印象的作用。

对于汽车品牌来说，用多款车型齐上阵的方式宣传品牌是非常合适的，就像一本产品介绍书一样，只不过是用视频的方式呈现，更加直观。

加深品牌印象当然不只展示车型这么简单，输出品牌价值观也很重要，这就需要有亮点的文案加以辅助了。当然，为了配合汽车大气、稳重的特质，文案的字体、颜色都要简单大方，以黑白、正楷为主。类似于汽车宣传海报，将重点突出，更具感染力，甚至可以加入剧情，配上连续的标语，用户对品牌的印象会更深，如图 5-21 所示。

图 5-21　文案辅助

图 5-21 以"相遇便有奇遇，旅途揽尽惊喜"这句标语来宣传品牌的价值理念，让向往远方的用户因此认同品牌，宣传品牌印象的目的就达到了。两行白底的标语既显眼，又不喧宾夺主，值得借鉴。

（2）外观宣传要细致

汽车的品牌效应很重要，外观也很重要，需要从颜色、线条、前脸、车灯和内饰等方面来展示。展示方式各有不同，如图 5-22 所示为 3 屏展示。

图 5-22　3 屏展示

图 5-22 所示的视频运用了 3 个视频素材，从不同的角度展示车辆的外观，目的就是在一个竖屏画面中传递更加丰富的信息，这种技巧也是随着竖屏视频的流行而不断发展起来的。当然我们还可以对部件细节进行充分展示，如图 5-23 所示。

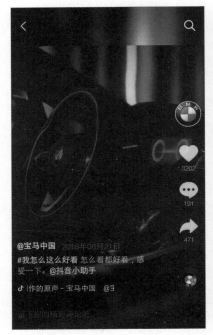

图 5-23　车辆部件展示

图 5-23 视频通过对几个展示车辆部件细节的镜头叠加，对该款车的几个重要部位突出呈现，画面力求精致、流畅，呈现了此款车应有的质感。

（3）车辆性能要突出

车辆性能是用户最看重的一个指标了，也是买什么车、买哪款车的关键因素。通常用来评定汽车性能的指标主要有：动力性、燃油经济性、制动性、操控稳定性、平顺性以及通过性等。为了向用户展示车辆的性能，在拍摄视频的时候要注意突出该款车的速度、平衡感和操控感，比如可以通过满载时汽车所能爬上的最大坡度来展示其动力性；也可以通过挑战的方式，来呈现车辆的极限性能，达到宣传的目的，如图 5-24 所示。

图 5-24 挑战极限

另外还可以通过极端环境，如雪地、砂石和高海拔等的衬托从侧面显示车辆的综合性能，如图 5-25 所示。

图 5-25 环境衬托综合性能

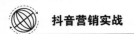
5.3 抖音的爆款产品有哪些

抖音强大的宣传能力是有目共睹的，不过营销得好并不一定就意味着能够带来销量。而一旦成为爆款，其带来的利润就难以估计了，很多抖音爆款产品在淘宝、京东等电商平台都被抢购一空。

抖音上的爆款产品行业不一、种类不一，让人着实摸不着头脑，所以我们首先要分析这些爆红产品的特点，再以此为例来营销。

5.3.1 爆红产品的特点

抖音上的爆款产品有一个众所周知的专有名称——抖音神器，从名称上便可见其受欢迎程度，其实这些产品也并非特别高端或是新潮，为什么会爆火呢？其主要具有以下一些特点。

（1）受众年轻化

在前面的章节中已经提到过，抖音的主力用户群体从早期的 18 ~ 24 岁上升到了 24 ~ 30 岁，该年龄段用户目前占比已经超过 40%。从这样的数据中我们可以了解抖音的受众偏年轻化，所以在抖音上火爆的产品就是为年轻一代而准备的，如染发剂、手机壳、服饰和美甲贴片格外受欢迎，而吸尘器、秋裤等就少有人问津。

（2）创意十足

针对年轻人的产品从创意入手总是没错的，大部分的年轻人都追求与众不同，所以他们穿的、用的都要具有一定的创意或理念，以此来表达自我。所以一些抖音爆款的创意属性非常明确，在宣传时也会全力打造这一点，以此来引爆话题和讨论。

（3）利用猎奇心理

人们总是会通过寻找、探索新奇事物来满足自己的好奇心理，这就是猎奇心理。很多抖音爆款都因为满足了用户的猎奇心理而获得巨大的人气，比如某段时间爆火的"小猪佩奇"手表，按理说手表最基本的功能就是计时，不过这款手表不是，这种出其不意的产品总能引起大家的好奇，于是用户纷纷在各电商平台搜索并购买该产品。

（4）物美价廉

对于大部分的抖音用户来说，由于生活压力的增大，高消费的产品对其是有负担的，因此抖音上的爆款一定是价格实惠的。除此之外，还应该有实用价值，这样一来很多人都愿意为产品销费，造成销量暴增的现象。一般来说，抖音爆款的价格在 100 元上下。

（5）实用价值高

一件产品如果不是因为新奇而引人注意，那么一定是因为其具有实用性，最常见的就是家居类产品、美味零食和自拍杆等，如"打扫神器""切菜神器"，超高的实用价值能够使这些产品在营销中突出重围，摇身一变成为爆款，如果口碑好，借助抖音的传播模式——人人都是传播工具，自然就会有很好的传播效果。

5.3.2 将品牌打造成"网红"景点

在网络营销的大势下，不少品牌都不得不做好网络营销，而抖音既为网络营销的主阵地，必然是各品牌营销推广的基地。而推广的重点就是将品牌或产品打造成"网红"。

现在所谓的网红产品就是在各大网络社交平台上常见或疯转的产品，这些产品借助网络病毒式营销的方式快速传播，迅速引起轰动。这几年突然名气大增的江小白、卫龙辣条就是典型的例子。在借助手机端的宣传方式完成推广时需要了解"网红"产品或品牌所要具备的特点。

◆ **自带情绪**：很多爆火的产品其实是在一种情绪下快速传播，所以品牌的宣传一定要带有某种情绪化的特点，如幽默、移情和模仿等，这样自带传播属性，更容易感染大批用户。

◆ **话题性**：在抖音这样的社交平台上，话题性是不能缺少的，这也是社交的必备因素，能将产品融进话题中，一定能在社交中不断影响相应的人群。

◆ **产生传播价值**：情绪化传播只能火爆一时，而想要长久地影响用户，就要让传播内容，也就是产品具有价值，或是赋予价值观，使其具有传播价值。

而打造网红产品的方式有很多，比如可以将自己的店铺打造成打卡景点，也可以为自己的品牌打造经典的卡通人物形象。

范例借鉴

花漾庭院是云南西双版纳当地的一家客栈，客栈开业后，由于没有固定的客源和群众基础，所以一直不温不火。该店铺为了改变现状，想要利用网络进行营销，而抖音就是他们的首要选择。不过刚在抖音注册时，并未受到多少关注，于是该店铺借助了企业蓝V号的功能，也算吸引到一些目标客户，但是离知名还有很大一段距离。

为了将自己的店铺打造成网红景点，该店铺将店内的萌宠鹦鹉作为了宣传的重点，并定期发布萌宠的日常视频来吸引用户，加固店铺特色，如图5-26所示。

图5-26　店内标志萌宠

同时借助抖音为店铺提供的 POI 功能及 DOU+ 功能，将网络上积累的人气无缝衔接到实体店铺中，这样该店铺也成为了打卡门店的其中一员了。

成了网红景点后，该店铺渐渐熟悉网络营销的方式，为了进一步提高门店的人气，店铺加强了与抖音用户的互动。只要到店顾客上传与该店有关的视频到抖音平台上，点赞数超过 50，就能在住宿上享受一定优惠。这样的方法既增强了互动，又有变客户为宣传者的效果，一举两得。

上述案例中的客栈深谙网络营销的要点，将店铺打造成网红景点，大大提高了店内入住率。不过这种宣传方式只能提高一时的人气，要想长久地发展，还需要输出企业 IP，将企业形象印刻在消费者的心中。

熊本熊是日本熊本县营业部长兼幸福部长、熊本县地方吉祥物。其实，熊本熊最初在设计时是为了宣传熊本县，为该县带来更多的观光收入以及其他附加收入，然而熊本熊却依靠呆萌的形象在日本本国及国外获得了巨大的人气，并带了难以估量的经济效应，而有关熊本熊的衍生品也应运而生。

虽然熊本熊不是某个企业的卡通形象，但是很多商家也能从中得到启示，将属于企业的卡通形象推广出去，令其深入人心，正如下例所示。

范例借鉴

奥克斯空调为了宣传自己的品牌，打造了专属自身企业的卡通形象，并通过各种渠道推广该形象，甚至以企业的吉祥物小奥为主角推出了一部大电影，主题配合企业理念"有家的地方就有奥克斯"，以亲情、家庭为主，在打动观众的同时，将品牌形象和价值观念植入用户的心中。

而在抖音上，奥克斯以吉祥物小奥为主，定期发布有关视频，将其形象变得日常化，在小奥成为网红的同时，奥克斯也渐渐被许多用户接受，如图 5-27 所示。于是小奥作为品牌与用户连接的桥梁变得尤为重要，奥克斯持续不断地打造小奥，在电影、抖音视频、周边和快闪店等一系列的平台上不断地推广，让该卡通形象变得更加立体。

图 5-27　奥克斯吉祥物

从上述两个例子中，我们能了解到将店铺打造成网红景点或是为自己的品牌打造网红形象是符合抖音宣传的优势的，因此，适合该种宣传方式的商家都不妨一试，尝试以此为企业带来人气。

如何拍出高质量的
抖音短视频

第6章

虽然抖音短视频的时长很短，拍摄起来看似简单，但其实包含了很多技术性的操作。而能够在抖音平台上火爆的视频无一不是特效新奇、剪辑特别、转场自然，为了拍摄出令自己满意、令网友喜欢的抖音短视频，我们需要掌握一些拍摄视频的技巧，包括如何配乐、如何剪辑等。

➤ 选择拍摄设备   ➤ 用手机也能拍出满意的视频

➤ 搭配适合的背景音乐   ➤ 喜欢的音乐，收藏起来下次使用

➤ 善用音乐软件，找到喜欢的音乐   ➤ 掌握定时暂停的操作

➤ 如何防止画面抖动   ➤ 如何切换场景

➤ 通过网格功能来构图   ➤ 快速制作图片合集视频

6.1 做好拍摄准备

抖音短视频营销的方法虽多，但由于是视频营销，所以需要掌握基础的拍摄技巧。无论视频内容多么优良，一旦拍摄随意、画质不清晰，同样得不到用户的认可。视频毕竟与文字不一样，牵涉了太多的步骤，每一步都要做好，最后的呈现才会精彩。那么拍摄的准备工作有哪些呢？首先还是选择拍摄设备。

6.1.1 选择拍摄设备

由于一段完整的视频涉及的因素很多，包括画质、声音和亮度等，所以在选择设备方面也不会仅仅考虑拍摄设备，对于重要的视频，其音频设备、灯光设备同样也不能少，下面对这些设备分别进行介绍。

（1）拍摄设备

一般来说，拍摄抖音短视频的设备主要有 3 种：手机、相机和摄像机。3 种设备各有其选用人群，只要是适合的，每一种设备都有可选之处。对于小商家或个人播主来说，为了易于操作和掌控，使用手机进行拍摄是明智之举。

随着科技不断地创新，手机已经不只是通信工具那么简单了，还兼具拍摄、观影和社交等一体，所以其照相机功能也在不断进化。好一点的手机其像素也在 3000 万之上，所以用像素高的手机也能达到一般视频拍摄的条件。

如果有专业的团队来运营抖音，那么可以选择相机来拍摄日常视频，毕竟相机的功能更齐全、丰富且专业，而我们较常使用的相机为单反和微单相机。

- ◆ **单反：** 指单镜头反光式取景照相机，又称作单反相机。它是指用单镜头，使光线通过此镜头照射到反光镜上，通过反光取景的相机。
- ◆ **微单相机：** 被称为微型可换镜头式单镜头数码相机。

那么我们要如何选择这两类相机呢？首先我们应该了解这两种相机的区别，才能选择适合自己的相机类型，如表 6-1 所示。

表 6-1　单反相机与微单相机的区别

区别	具体内容
价格	对于同档次的单反和微单相机来说，单反在价格上要贵很多，在经济预算紧凑的情况下，选择微单要划算得多
体积	单反相机的内部结构复杂，所以体积比微单更大、更重，因此微单在携带上更为便捷
功能镜头	微单和单反都能拆装镜头，不过微单相机的镜头范围广，兼容性更好，通过转接环更换镜头；而单反相机的镜头卡口多，不同品牌的卡口是不兼容的，所以转换起来比较麻烦
取景方式	单反相机通过相机镜头后的一个五棱镜来反射光线成像，而微单是精密的电子取景，不是利用反光来取景
镜头数	能够搭配单反相机的镜头较多，而适合微单的镜头却不多，这样使用单反相机可以通过不同的镜头反映不同的拍摄效果
续航能力	微单是电子取景，所以耗电量大，比起单反，其续航能力差很多。在相同的拍摄情况下，单反的续航时间大约是微单的 3 倍，这样在室外拍摄时使用单反要明智得多

通过表 6-1 我们可以知道微单相机的体积小、携带方便且镜头范围广，而单反相机厚实、选择镜头多、续航时间长。总之，两类相机各有优势，如何选择全看个人需求，如图 6-1 所示为常见的单反和微单相机。

图 6-1　单反相机（左）和微单相机（右）

除了使用相机进行拍摄之外，DV 摄像机也是我们可以选择的拍摄器材。

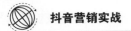
由于摄像机是专门用于拍摄视频的，所以功能十分齐全。相比相机来说，摄像机有以下显著的优势。

①摄像机的内存更大，拍摄画面更清晰。

②摄像机电池大，所以拍摄时间长，感光元件适合长时间拍摄视频。

③场景模式多，包括红外模式等。

④变焦大，并且变焦也要比照相机稳定，进行镜头的推、拉、摇、移都比较容易操作。

⑤现在的摄像机采用的是最新的 COMS 处理器，其处理速度更快，降噪功能强。

（2）音频设备

很多拍摄设备都具有录音的功能，通常不用再配置音频设备，但如果是进行网路直播，或是追求画面音质，就需要选择好的收音设备。一般来说，可以通过麦克风进行音频的录制。现在有很多优质的麦克风，如图 6-2 所示。

图 6-2　麦克风

使用者应选择适合自己的麦克风，以达到想要的录音效果。其实品质不错的麦克风都可以达到应有的录音水准，目前可大致分为两类，一类是电容式麦克风，另一类是动圈式麦克风。但具体如何挑选，我们可以参考如表 6-2 所示的这些因素。

表 6-2　选择麦克风要考虑的因素

因素	具体内容
实际需要	如果要录制的是说话、唱歌或乐器演奏的视频，动圈麦克风适合录制人声、吉他、鼓的扩音；电容麦克风更能展现吉他等原声乐器的细腻感
环境	电容麦克风更适合专业的人声演唱、录音室录音、影视录音和乐器拾音等环境；而动圈麦克风常用于 KTV 或演出等场合
价格	动圈麦克风结构简单，因此价格相对于电容麦克风更便宜
话筒音质	动圈麦克风的灵敏度较低，频率响应也不够宽，因此它的高音域延伸不够好，对于微弱的声音感应也会比较迟钝，而电容麦克风的音质就更细腻、丰富和清亮

（3）灯光设备

灯光设备是视频拍摄的辅助设备，在光线不足的时候，为了保证画面亮度，会进行打光，可以用打光板来实现该目的。如果不方便携带，可以使用摄像灯，小型摄像灯可以直接安装到设备上，携带非常方便，如图 6-3 所示。

图 6-3　摄像灯

小贴士

除了以上介绍的设备之外，为了防止画面抖动，我们还需要准备三脚架，以此来固定设备，让拍摄的画面更加清晰、平稳。这样，就算摄影设备要时时移动，也可以保证画质，也是非常常见的拍摄辅助设备。

6.1.2 用手机也能拍出满意的视频

上一小节我们介绍了可以用作视频拍摄的一些设备，其实随着手机的性能不断提升，直接使用手机进行抖音短视频拍摄的越来越多，也渐渐成为主流，这也是手机端社交的最佳选择。

虽然手机的拍摄功能有限，但想要拍出满意的效果也不是不可能，当然要提前做一些准备才行。首先，需要对手机相机的分辨率进行设置，分辨率数值最大，拍出的视频越清晰。一般可以在手机内自带的相机里进行设置，或是找到设置按钮，进入手机设置页面，选择"相机"选项，在打开的页面中选择"录制视频"选项，在打开的页面中选择最高分辨率的选项，如图 6-4 所示。

图 6-4　设置视频分辨率

除了调整分辨率外，我们还需要对以下方面做好准备，可使手机拍出的视频更清晰。

（1）注意光线的调整

光线的好坏可以直接影响视频画面的清晰度，所以要选择光线充足的环境进行拍摄，同时不要逆光拍摄。在环境不理想的情况下可以通过手机内置的功能进行调节。

①光线不够时可以调节拍摄亮度。

②采用夜间模式。无论是白天还是夜晚，都可以采用夜间模式来弥补亮度。

③使用闪光灯。闪光灯就是一个高亮的 LED 灯，其能够在近距离的范围内补足光线。

（2）注意拍摄姿势

手机拍摄最致命的缺陷就是易抖动，从而导致画面重影。在拍摄时一定要双手把持，对准拍摄对象，右手握住手机，左手托住右手，尽量保持平稳。在拍摄时还要考虑到拍摄的延迟，一定要在开始前和结束后都保持平稳，以免影响拍摄效果。

（3）注意取景角度

对于新手来说，自由取景仍有些难度，所以拍摄时尽量保证手机与取景物所在的平面平行即可。当然，这里可以借助手机内置的网格线来参考角度，并及时调整，如图 6-5 所示。

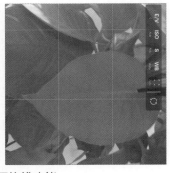

图 6-5　使用网格线功能

打开网格线功能后，拍摄画面就变成图 6-5 右图所示，这样在拍摄时就能时时调整了。

由于手机的功能越来越多，越来越完整，如果我们善于利用手机自带的拍摄功能，不断发掘这些功能的好处，也能拍好视频。

6.2 拍摄短视频，配乐也很重要

在拍摄抖音视频的过程中，配乐是非常重要的，其从侧面呈现并加深视频的风格，从而产生强烈的代入感，所以一段好的配乐能够为视频加分，影响视频的传播量及人气。

6.2.1 搭配适合的背景音乐

抖音是短视频社交平台，背景音乐对视频的影响非常大。大家应该还记得某段时间大火的两首歌曲——《一起学猫叫》和《海草舞》，这两首歌都是通过抖音视频的火爆而变得传播率极高，反过来说，就是因为这两首歌搭配得极好，所以才让相关短视频在一众视频中脱颖而出。

但很多时候我们有了视频主题却无法选择出适合的背景音乐，在海量的背景音乐中如何进行选择？对于很多新手来说一定倍感头疼。其实为音乐分好类型，就可以通过类型来选择相应的音乐，这是最快的入门办法了。以下几种是背景音乐的常选类型。

轻音乐。轻音乐舒缓清幽的曲风适合用在唯美的视频中，如爱情、亲情主题，如渲染悲伤氛围，如搭配青山绿水等。

中国古典音乐。中国风的音乐与中国文化紧密联系在一起，所以在带有中国传统特色、意境的视频里可以使用这类型的音乐。如涉及武术表演、诗歌朗诵、华夏山河和传统佳节等元素时都可以使用。

协奏曲。协奏曲大多是由钢琴、小提琴、中提琴和大提琴合奏而成，特点是浪漫、深沉，适合搭配以高档餐厅、咖啡厅等为背景的视频。

节奏轻快的音乐。这种音乐节奏分明，最适合用作日常生活的插曲，也适合在搞笑视频中渲染轻松明快的氛围，体现视频效果。

激昂的音乐。激昂的音乐气势较为宏大，所以适合做大场面的背景音乐，如运动会、公司大型活动等场景。

悬疑类的音乐。这类音乐的特色是节奏紧张，所以适合在剧情类的视频中运用，尤其是在有前后反转、悬疑推理的剧情设置时应该选用。

6.2.2　喜欢的音乐，收藏起来下次使用

除了按照视频主题选择相应的音乐类型以外，还可以直接利用抖音平台上流行的音乐。比如创作者偶然间看到一段精彩的视频，想要使用该视频的配乐，可点击视频右下角的抖音音乐标识，在打开的页面中点击"收藏"按钮，如图 6-6 所示。

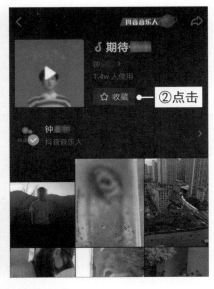

图 6-6　收藏喜欢的配乐

将该音乐收藏起来后，需要使用的时候只需进入"选择音乐"的界面，点击"我的收藏"选项卡，就能在跳转的界面看到收藏音乐，点击"使用"按钮就能应用到相关视频，如图 6-7 所示。

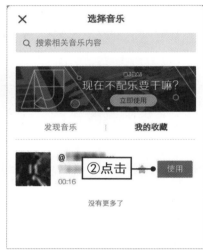

图 6-7　使用收藏的音乐

6.2.3　善用音乐软件，找到喜欢的音乐

现在市场上的音乐软件很多，有网易云、酷狗、酷我和 QQ 音乐等，每个软件内的乐库都十分丰富，用户可以在乐库内搜索喜欢的歌曲，并下载使用；也可以从音乐类别中挑选喜欢的音乐，如图 6-8 所示。

图 6-8　按类别挑选歌曲

但是，如果我们在某处听到一首好听的曲子，但又不知道歌曲名，就可以利用现在很多音乐软件都有的听歌识曲功能，只要记住音乐的旋律就能使用该功能找到我们心仪的曲子。

以酷狗音乐为例，打开软件，点击██按钮，在弹出的菜单中选择"听歌识曲"选项，如图 6-9 所示。

图 6-9　打开音乐软件选择"听歌识曲"选项

进入听歌识曲页面，如果是第一次使用该功能，会在页面弹出确认权限的对话框，点击"好"按钮就能授权软件访问手机麦克风。然后点击页面中间的"点我开始识别"按钮，将手机靠近音源或自行哼唱旋律，待软件识别后，会跳转至歌曲页面，可以对该歌曲进行播放、下载和分享等操作。

如果软件识别的歌曲有误，可点击页面下方的"重新识别"按钮，再次识别歌曲，如图 6-10 所示。

图 6-10　识别歌曲

6.3　拍摄与制作抖音视频的小技巧

在对抖音短视频有了一定的了解后，很多人也拍摄短视频。不过，拍摄一段视频看似简单，其中却隐藏着很多技巧，善用这些技巧能给我们的视频增色不少。但是如果你连抖音平台上的拍照功能都不甚了解，那就很难让别人关注到你的视频。

有关视频的拍摄技巧可以说是多种多样，有如何掌控时间的、如何增强光线的，如何防止画面抖动的，怎样构图的……掌握的技巧越多，我们的拍摄工作就越简便，下面我们来学习一些小技巧，并在实际操作中具有实用性。

6.3.1 掌握定时暂停的操作

创作者可能都遇到过用手机拍摄视频时不能暂停，一旦暂停就会重新开始录制，所以只能连续拍摄的问题，这就对拍摄人的能力提出很高的要求。其实只要你掌握了定时暂停的技巧，这些问题都可以迎刃而解。

现在手机自带的相机没有暂停录制的功能，但是在抖音软件内却为我们提供了倒计时和暂停录制一体的功能，这对没有拍摄团队的创作者来说非常方便，一人独处时也可以调整好倒计时，开始自己的拍摄。

具体怎么操作呢？首先打开抖音 App，进入拍摄界面，可在该界面右侧点击"倒计时"按钮，在跳转的页面中设置倒计时时间和暂停录制的时间，抖音提供了"3s"和"10s"两项倒计时时间，这里点击"10s"的按钮。然后拖动下方的黄色光标到合适的位置，确定自动暂停的时间位置，这里选择在 5s 时暂停，然后点击"开始拍摄"按钮，如图 6-11 所示。

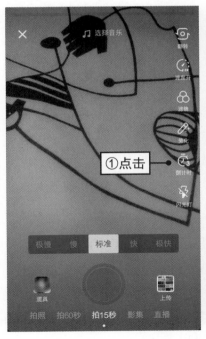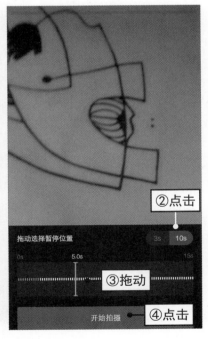

图 6-11　点击"倒计时"按钮

正式进入拍摄时，首先会有 10s 的拍摄倒计时，如 6-12 左图所示；在拍摄到 5s 时，系统自动暂停，等拍摄者调整好再点击下方的红色按钮就能继续拍摄后面的内容了，如 6-12 右图所示。

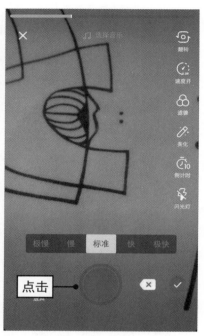

图 6-12　重新开始视频拍摄

如果觉得抖音提供的这项功能稍有局限性，还可以选择其他的软件来满足我们的要求，比如"无他相机"，提供了拍照、视频、直播和照片打印等功能，而且可以随时暂停、开始，可有效地节省中间环节，提高拍摄的效率。

那么我们要如何在"无他相机"上进行操作呢？首先打开"无他相机"App，可以看到页面下方提供了"无他商城""素描画""照片打印"和"直播助手"按钮，通过点击相应按钮就能使用该功能。

点击最下方的"自拍"按钮进入拍摄界面，点击最下方的"视频"按钮，可切换拍摄功能并设置拍摄时间和速度，由于是短视频的拍摄，所以这里选择"15 秒"选项，默认"正常"拍摄速度。然后点击中间的红色按钮，开始拍摄，如图 6–13 所示。

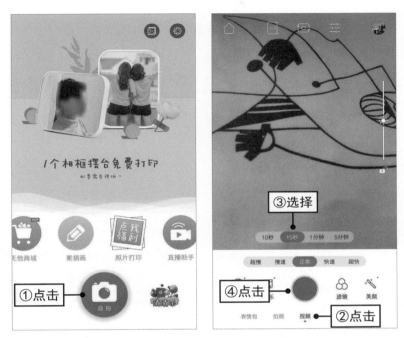

图 6-13　打开"无他相机"设置拍摄参数

进行拍摄时，页面下方的红色按钮变为暂停按钮，如果想要暂停，点击
按钮即可，想要继续拍摄则点击 按钮即可。视频录制完成后点击"完成"
按钮就能及时保存，如图 6–14 所示。

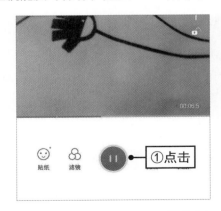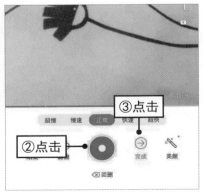

图 6-14　暂停拍摄

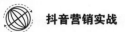
6.3.2 如何防止画面抖动

画面的稳定是拍摄视频的基本要求，所以拍摄者在拍摄过程中一定要注意器材稳定、避免移动，当然这样也不能完全避免抖动问题，所以需要借助辅助器材。前面介绍准备器材时我们已经提到过可以使用三角架来保持拍摄机身的稳定，这也是最常见的防抖器材。除此之外，我们还可以使用别的防抖器材，具体可以参考以下这些。

（1）三脚架

三脚架是用来稳定照相机的一种支撑架，以达到某些摄影效果，如图 6-15 所示。三脚架按照材质可分为木质、高强塑料材质、合金材料、钢铁材料、火山石和碳纤维等多种。

图 6-15　不同型号的三脚架

由于铝合金材质的优点是重量轻、坚固，所以铝合金材质的三脚架是最常见的。不过，由于旅游业的发展，现在很多旅游播主为了在展示世界各地的风景时减轻自己的行李负担，会考虑碳纤维材质的三脚架，这种材料分子结构稳定又轻便，很适合在旅游中使用，如图 6-16 左图所示。

而在进行爬楼、登山等活动时，由于环境较为严苛，所以常常选择小型的三脚架，如八爪鱼脚架。这种脚架的适应能力强，可以根据现场的情况进行改变，盘在栏杆、石头等物体上，如图 6-16 右图所示。

图 6-16　旅游脚架和八爪鱼脚架

如果旅游因脚架太过轻便而不够稳定，可在中轴下的挂钩上悬挂重物增加脚架的稳定性，同时也要注意脚架的承重。在室内或摄影棚拍摄视频时，往往会选择大管径的三脚架，更耐用、更稳定。

（2）手持云台

手持云台将无人机自动稳定协调系统的技术转移到手持拍摄上，实现拍摄过程中的自动稳定平衡。该设备主要与相机和手机搭配使用，如图 6-17 所示。

图 6-17　手持云台

有了手持云台，就算一个人也可以轻松录制视频，或是边走边拍，这比三角架要轻松很多。现在市面上的手持云台不胜枚举，可以参考表 6-3 所示的几款手持云台进行选择。

表6-3　几款优质的手持云台

款型	优势
大疆灵眸 Osmo Mobile2	外观：不注重外观设计，以水泥色为主。 感应灵敏度：内置传感器和无刷电机，可以跟随目标对象进行拍摄。 抖动程度：轻微震动或行走时造成的颠簸都可以克服，不过仍有轻微抖动的情况。 续航能力：内置超大电池，能支持最多15小时的连续拍摄。 交互体验：一键多用，容易混淆功能
智云 Smooth4	外观：机身扁平、设计突出，采用复合材料。 功能丰富：拥有动态延时、三轴延时和焦点延时等不同拍摄形式。其跟踪拍摄功能可对飞速移动的对象进行拍摄记录。 拍摄效果：能够呈现电影大片的风格，让拍摄出来的视频透着高端质感。 按键体验：机身按键较多且复杂，专业感十足，需要花时间进行学习才能完全掌握，时有按错的情况发生。 续航能力：能支持12小时的连续拍摄，并搭载了双向电力输送功能。 稳定性：稳定性较好，基本不会出现抖动的情况
智卓手持云台	外观：采用了航空铝等复合材料，美观灵活。 按键：与智能手机一样采用触屏设计，触屏按键，一键一能，这样功能不易混淆。 稳定：与智云 Smooth4 一样，稳定性极高
飞宇 Vimble2	特色：自带延长杆。AI 智能拍摄。 稳定性：采用 W5 防抖算法，内置大扭矩三轴无刷电机，具有高稳定性。 功能：可进行全景拍摄、远距离拍摄和 AI 智能拍摄，通过 AI 智能拍摄能够实现即时直播，并通过美颜技术展现播主的良好状态。 附带工具：自带延长杆，方便远距离操作
魔爪 Mini-SE	外观：采用纯黑合成材料，轻便、耐磨、耐脏，可折叠收纳。 功能：直播防抖，可与手机进行蓝牙连接，也可以进行延时拍摄。 适合对象：适合学生或直播主播

（3）手机支架

用手机拍摄视频虽然易于携带，但没有固定的支点，所以很难稳定。我们可以用手机支架来解决这一问题。手机支架依据不同型号、不同品牌的手机设计，其有不同的样式，如图6-18所示。

图 6-18　手机支架

6.3.3 如何切换场景

构成电视片的最小单位是镜头，一个个镜头连接在一起形成的镜头序列即为段落，段落是电视片最基本的结构形式，转场就是段落与段落、场景与场景之间的过渡或转换。转场的方式有很多，如果转场太过生硬会影响观感，所以拍摄视频的时候一定要做到转场自然，当然这需要掌握一些技巧。

（1）无技巧转场

无技巧转场是用镜头自然过渡来连接上下两段内容的，强调视觉的连续性。运用无技巧转场方法需要找到合理的转换因素。无技巧转场的方式如下。

◆ **同景别转场**：前一个场景结尾的镜头与后一个场景开头的镜头景别相同。

◆ **特写转场**：无论前一组镜头的最后一个镜头是什么，后一组镜头都是从特写开始。通过对局部进行突出强调和放大，可以展现一种奇特的视角。

◆ **声音转场**：通过音乐、旁白、解说词和对白等配合画面的转场。

◆ **空镜头转场**：空镜头是只有景物、没有人物的镜头，多为风景、建筑等场景。空镜头可以渲染氛围、刻画人物心理、表现季节变化，所以用空镜头转场有明显的间隔效果。

◆ **相似体转场**：通过被摄对象在造型上的相似性来转换场景，如飞机和海豚，汽车和甲壳虫。

◆ **同一主体转场**：前后两个场景用同一物体来衔接，上下镜头有一种承接关系。比如镜头跟随拍摄主体不变，而主体所处的时间、空间却发生变化。

◆ **出画入画**：前一个场景的最后一个镜头内的主体走出画面，后一个场景的第一个镜头则为主体走入画面。

◆ **逻辑因素转场**：前后镜头具有因果、呼应、并列、递进和转折等逻辑关系，这样的转场在广告视频中运用较多。

（2）技巧转场

无技巧转场运用的是镜头自然过渡，而技巧转场则使用一些技术性手段来转场，主要有如表 6-4 所示的方式。

表 6-4　技巧转场的方式

转场方式	具体内容
淡入淡出	淡出是指上一段落最后一个镜头的画面逐渐隐去直至黑场，淡入是指下一段落第一个镜头的画面逐渐显现直至正常的亮度。一般来说，淡入、淡出的时间间隔不能过长，控制在两秒以内为好
翻转	如果想要从场景 A 转换到场景 B，而这两个场景之间没有关联，可以屏幕中线为轴转动，通过将拍摄画面 360 度旋转达到场景的无缝连接
划像	可分为划出与划入，前一画面最后一个镜头从某一方向退出画面称为划出，下一个画面的第一个镜头从某一方向进入画面称为划入。根据画面进、出的方向不同，可分为横划、竖划和对角线划等，划像一般用于进行场景差别较大的转场
叠化	指前一个镜头的画面与后一个镜头的画面相叠加，前一个镜头的画面逐渐隐去，后一个镜头的画面逐渐显现的过程。叠化这种转场方式有 3 个作用：①表现时间流逝；②表示空间变化；③表现梦境、想象和回忆等插叙、回叙场合

续表

转场方式	具体内容
定格	将画面运动主体突然变为静止状态，可以强调拍摄对象，或是制造悬念，或是造成视觉冲击，常用于片尾

6.3.4 通过网格功能来构图

大家在日常生活中都看过很多有质感的视频，不禁会想为什么别人拍摄的视频如此的高端且有视觉效果。其实只要掌握好构图技巧，你也能拍出观感不错的视频。

视频拍摄的构图方法是根据无数成功的作品归纳总结出来的一套实践经验，并上升成为一种理论方法。而由于这种理论非常有效，所以很多手机内都会提供网格线，让新手能够在拍摄时用来参考。常见的构图方法有以下几种。

（1）三分构图法

打开手机相机内自带的网格线功能，就会看到两条横线和两条竖线将画面平均分成横向和纵向各 3 份，这就是三分法构图，如图 6-19 所示。其还可称为井字构图、九宫格构图及黄金分割构图。

图 6-19　三分法构图

图 6-19 是同一张图片的原图与网格线三分构图的对比，从右图可以看出

网格线形似"井"字,在画面中形成了 4 个交叉点,画面中的主体人物刚好处在右下方交叉点,这便是三分法构图的原理。在通过三分法构图后,画面中的 4 个交叉点都可以成为展现主体内容的位置,将需要表现的重点放置在 4 个交叉点中的一个即可。

这种构图可以表现大空间、小对象,着重体现空间壮阔,与身处其中的人形成对比,如图 6-20 所示。

图 6-20　空间效果

除了横向画面以外,这种构图方式也适用于竖向画面,这对于抖音视频的拍摄来说正是相得益彰。将主体和陪体放置在上下交叉点处或是对角交叉点处,画面能显得紧凑有力,具有纵深感,如图 6-21 所示。

图 6-21　竖向效果

而想要展示近处的物体时，也能体现干净、鲜明的视频画面，如图 6-22 所示。

图 6-22　近景效果

（2）对称式构图

三分构图法是较为基础的构图方法，而对称式构图同样非常简单实用，其具有结构均衡、画面稳定且相呼应的特点，不过同时可能会给人单一、缺少变化的感觉。但其实在合适的场景运用对称式构图也非常有效，由于对称构图相对简单，所以手机相机内一般不会设置对称线网格。而常见的对称式构图有上下对称、左右对称、对角线对称和 2/3 对称这几种方式。

一般来说，在拍摄景观，尤其是体现地平线分隔时，常以 1/3 地和 2/3 天或是以 1/3 天和 2/3 地的对称方式来展现画面，如图 6-23 所示。

图 6-23　2/3 对称方式

从图 6-23 可以看出，按比例对称的构图更加侧重展示占比较多的那部分内容，左图更注重展现天空的景色；而右图更注重展现近处的景色，远处的雪峰由于距离的问题，在画面中的占比较小。

另外，上下对称的构图常用来展示倒影中的风景和建筑，体现镜像感和层次感，如图 6-24 所示。

图 6-24　上下对称方式

左右对称构图是以竖向的某个位置为基准，让画面形成左右对称的一种效果，常用在建筑物的拍摄上（因为建筑物具有对称性的美感，这样拍摄能够凸显其美感），或是对某些图片运用左右对称的构图展现图形的几何美感。在拍摄视频时要注意找准中轴线，尽量不要倾斜，如图 6-25 所示。

图 6-25　左右对称方式

在拍摄时为了更好地把握拍摄角度，最好站在对称场景的中央，或先找到建筑或图案的中间点，再适当调整，这样就能拍摄出有质感的视频画面了。

至于对角线构图对称，则是通过画面中的某条斜线或类似斜线的对象为分界来构图，一般在对角线的位置，或是接近对角线的位置，如图 6-26 所示。

图 6-26　对角线对称方式

图 6-26 左图以经幡作为天然的斜线进行取景构图，将远处的风景分成几部分，所以远处的山峰看起来很有层次感，且观感强烈；右图以路灯的连接线作为对称参照，被分隔的画面对称呼应，给简单的画面带来了美感。

（3）黄金螺旋构图

黄金螺旋线也称斐波那契螺旋线，是自然界最完美的经典黄金比例，也是现在常见的作图规则，很多相机内都会设置这种构图网格线，如图 6-27 所示。

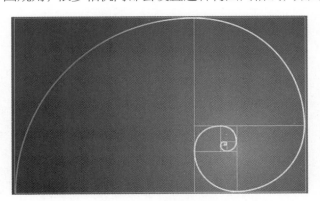

图 6-27　黄金螺旋线

从图 6-27 中可以看出以斐波那契数为边的正方形拼成了一个长方形，然后在每个正方形里面画一个 90 度的扇形，将弧线连起来就是黄金螺旋线。这种黄金比例的构图是斐波纳契在公元 1200 年前后发现的，他注意到大自然中以此构图的景物特别美观、有吸引力，所以现在常用于拍摄中，如图 6-28 所示。

图 6-28　螺旋构图

6.3.5 ◀ 快速制作图片合集视频

抖音内除了有通过传统方式拍摄的视频以外，还有一类视频是通过图片合集而生成的视频，目的是向用户展示某些精彩的图片，如旅游行业可以展示世界各地的风景，农产品行业可以展示新鲜瓜果，美妆行业可以展示一些时新的妆容等。我们可以通过抖音自带的功能完成制作图片合集视频的操作。

进入抖音 App 的视频拍摄界面，点击下方的"影集"按钮，进入模板选择界面，选择"旅行"模板，点击"使用"按钮下载该模板，如图 6-29 所示。

图 6-29　点击"影集"按钮选择模板

抖音为用户提供了 25 种视频模板，包括复古杂志、双重曝光、专属大厦、卡路里日记和胶片等，每种模板达到的效果都不一样，在选用时可以进行效果预览，选择自己想要的风格即可。

模板下载完成后就可以直接使用，在弹出的选择照片页面，点击上方的"所有照片"按钮，进入手机本地相册，选择目标照片的相册集，进入该相册集，按系统提示的照片数量选择合适的照片，如这里选择 6 张风景名胜地的美图，点击"确定"按钮即可生成视频，如图 6-30 所示。

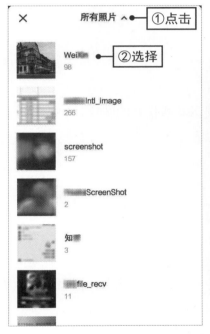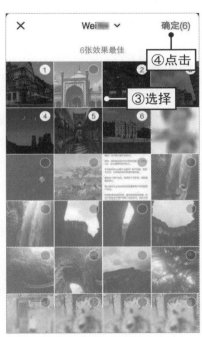

图 6-30　选择影集要使用的图片

需要注意的是每个视频模板都有规定的照片数量，用户需要按照系统规定的数量进行选择，可以少选，但不能多选。

视频生成以后，会自带音乐，如果创作者觉得与自己制作的视频内容不符，可以进行配乐更换。点击下方的"选配乐"按钮，在推荐栏选择适合的音乐并使用，如图 6-31 所示。

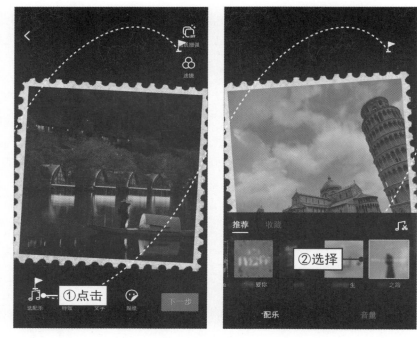

图 6-31　更换配乐

6.3.6 通过字幕软件制作视频字幕

有时候我们在抖音上发布的视频没有配乐，而是直接使用了视频的原声，但如果人物语速过快，或是环境太过嘈杂，就有可能导致观看者不明就里，没有接收到主要信息。这时候就需要为我们制作的视频添加字幕，方便抖音用户观看。

要为视频添加字幕就需要使用相应的字幕软件，常用的字幕软件有字幕通、Arctime 和自动加字幕等，这些字幕软件能够直接识别视频语音并将其转化为字幕，极大地方便了我们的操作。下面以"自动加字幕"App 为例来介绍如何制作视频字幕。

首先需要下载安装并打开"自动加字幕"App，进入主页，点击"导入视频"按钮，即可弹出视频选择页面，选择要使用的视频，如图 6-32 所示。

图 6-32　打开相关视频

打开相关视频后，在制作页面点击"一键加字幕"按钮，系统就会自动识别语音，并在视频底端显示字幕，如图 6-33 所示。

图 6-33　添加字幕

　　如果系统识别的字幕有差错，创作者可以自行修改，直接点击下方对应字幕框的内容，就能进入可编辑状态，修改后点击"完成"按钮即可。

　　字幕正确无误后，我们还可以对字幕的格式进行设置，选择页面下方的"样式"选项，上下滑动就能浏览系统提供的字体样式，这里选择"新版宋"样式，下载后就可直接应用在视频里了。如果要对字幕颜色进行修改，可点击"颜色"按钮，选择与视频色调相符的颜色，如图6-34所示。

图 6-34　修改字体和颜色

　　点击"描边"按钮可对字幕设置描边效果，这里为了配合视频的主色调，选择蓝色边框。另外，如果对字幕的字号大小不满意，也可点击"字号"按钮，滑动圆钮就能增大或缩小字号。格式设置好后，可点击右上角的"保存"按钮保存该视频，或是点击"分享给朋友"按钮，直接分享到各社交软件上，如图6-35所示。

图 6-35　分享作品

除了专业的字幕软件外，在抖音 App 内也可以完成为视频添加字幕的操作。打开抖音 App，上传视频，进入特效操作页面，点击 ✓ 按钮，在展开的功能中点击"自动字幕"按钮，如图 6-36 所示。

图 6-36　点击"自动字幕"按钮

在进入字幕识别页面，识别语音后就能在下方的字幕框中看到已生成的字幕。点击 [A字] 按钮可对字幕进行编辑，如字体、填充颜色等，设置好以后点击 [√] 按钮，可对视频的字幕效果进行预览，如图 6-37 所示。然后点击"保存"按钮就能发布该视频。

图 6-37 设置字幕格式

6.4 使用不同的软件剪辑视频

视频拍摄完成并不意味着大功告成，还有许多需要我们调整的地方，首先就是视频的时长需要在抖音系统规定的标准内，如果视频过长就需要对视频进行剪辑。另外，视频中某些场景的先后顺序如需调整，也需要对视频进行剪辑，此时需要运用剪辑软件。

　　剪辑软件是对视频源进行非线性编辑的软件，通过对添加的图片、背景音乐、特效和场景等素材与视频进行重新混合，或是对视频源进行切割、合并，二次编码，生成具有不俗表现力的新视频。常用的剪辑软件有巧影、小影、VUE、乐秀和趣推等，而在抖音 App 内也能进行简单的视频剪辑。

6.4.1　直接在抖音上剪辑

　　如果想对视频进行简单的剪辑，调整一下视频时长，或是设定视频开头和结尾的场景，那么用抖音 App 就能做到，具体操作如下。

　　打开抖音 App，进入拍摄界面，点击下方的"上传"按钮，在弹出的页面选择需要进行剪辑的视频，即可进入视频剪辑页面，如图 6-38 所示。

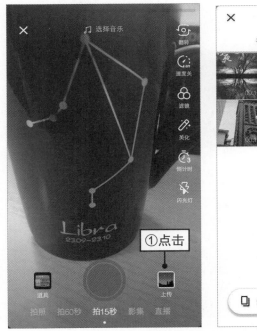

图 6-38　选择剪辑视频

　　如果想要合成两段或几段视频，可以点击图 6-38 右图右下角的"多段视频"按钮，选择想要合成的视频，点击"确定"按钮，并为合成视频选择适当的音乐，点击"下一步"按钮即可生成新的视频，如图 6-39 所示。

图 6-39　合成视频

对于上传的视频，我们可在剪辑页面看到其全部时长，这里的视频时长为 14.2 秒。拖动时间轴左右两端的黄色标记，就能对视频进行剪辑，相应地就会缩短视频的时长，这里调整为 9.7 秒。点击界面右上角的"下一步"按钮完成对视频的剪辑，即可发布视频，如图 6-40 所示。

图 6-40　剪辑视频

6.4.2　使用 VUE Vlog 视频编辑软件

　　VUE Vlog 是一款 Vlog 社区与编辑工具，用户可以用 VUE Vlog 拍摄 Vlog 视频，记录和分享自己的日常生活，并在社区平台上了解别人的精彩生活，实现网络社交的互动。除此之外，VUE Vlog 还有视频剪辑的功能，可对视频进行剪辑、合成、加滤镜和转场的操作，同时为使视频更富有美感，还可对视频参数，如亮度、饱和度等进行调节。

　　而 VUE Vlog 页面简洁，功能丰富实用，并且自带编辑的功能，所以成为很多人剪辑视频的首选。下面具体介绍该如何运用 VUE Vlog 工具。

　　首先下载安装并打开"VUE Vlog"App，可以选择微博或微信进行登录，登录后填写个人资料，如图 6-41 所示。

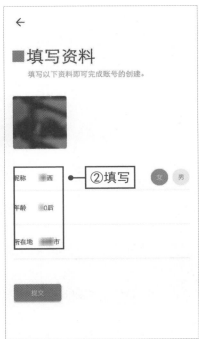

图 6-41　登录 VUE Vlog

　　然后选择与自己相符的标签，如学生、上班族、职业博主、卖家、机构／

团体等，系统会根据你的个人属性推荐"感兴趣的博主"，关注后点击"完成"
按钮，就进入 VUE Vlog 的首页了。点击首页下方的 ⬛ 按钮，可进入创作页面，
点击"导入"按钮上传需要剪辑的视频，如图 6-42 所示。

图 6-42　上传视频

进入视频选择页面，点击"照片与视频"下拉按钮，在弹出的菜单中选择"视
频"选项，如图 6-43 所示。

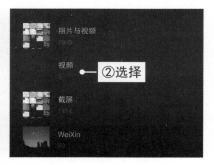

图 6-43　选择视频

　　进入"视频"文件夹中，选择需要编辑的视频（可以多选），点击"导入"按钮进入视频编辑界面。点击"画幅"按钮，设置画面为宽屏或是竖屏，如图6-44所示。

图 6-44　点击"画幅"按钮

　　由于上传的视频是竖屏拍摄的，所以在"画幅和背景"栏中选择"9:16"选项，使视频的呈现更加饱满、适宜，保持其他选项不变，点击←按钮返回到编辑页面，如图 6-45 所示。

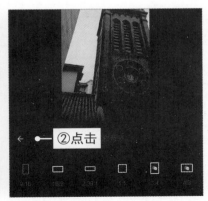

图 6-45　选择"9：16"选项

点击▣按钮截取视频多余的部分，拖动时间轴右侧的黄色标记截取视频前9秒的内容，点击✓按钮返回编辑页面，如图6-46所示。

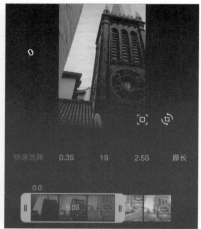

图6-46　截取视频

　　点击⬡按钮为视频添加滤镜，系统提供了多个滤镜，创作者可自行选择合适的，这里选择"N1 蓝莓之夜"选项，点击←按钮返回编辑页面，点击◦|◦按钮设置并调节视频参数，如图6-47所示。

图6-47　为视频加滤镜

返回编辑页面，选择"贴纸"选项，从系统提供的贴纸中选择一种，运用到视频上增添电影录制般的效果。然后选择"剪辑"选项，拖动时间轴上的红色标记线，在合适的位置停下，点击"切割"按钮将视频切割成两部分，点击"排序"按钮，如图 6-48 所示。

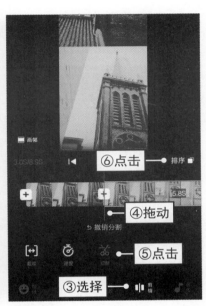

图 6-48　切割视频

进入排序页面，对切割的两部分视频进行重新排序，按住"1 号"视频将其拖动到"2 号"视频后方即可，如图 6-49 所示。

图 6-49　更换视频片段的顺序

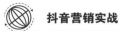

调整好新的顺序后，点击←按钮返回刚才的页面，可看到视频的开始镜头已经发生了改变。选择"音乐"选项，点击"点击添加音乐"按钮可从本地乐库中选择适宜的配乐。

添加音乐后默认应用到整个视频中，向左拖动白色▯调节器到第一段结束位置，将此配乐应用在第一段视频上。点击■按钮为第二段视频添加音乐，如图6-50所示。

图 6-50　为各视频片段添加配乐

在"点击添加音乐"按钮的下方还有一个"点击添加录音"按钮，如果想要为视频录入声音，点击该按钮即可进行录入。

拖动控制音乐长短的白色调节器，将新添加的音乐长度与第二段视频长度对齐，完成音乐的添加，点击右下角的"完成"按钮，再点击"下一步"按钮，进入分享页面。如果不想在 Vlog 社区上发布，点击右上角的⋯按钮，在弹出的对话框中选择"仅保存至本地"选项即可，如图6-51所示。

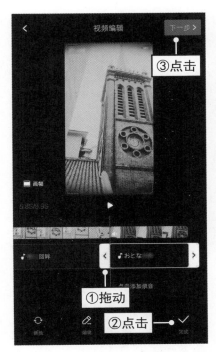

图 6-51　完成视频剪辑操作

6.4.3　好用的视频编辑器

通过对使用视频编辑器的操作进行详细的介绍后，我们知道有一款好用的视频编辑器能让我们的拍摄内容增色不少。而市面上的编辑器数量繁多、功能不一，如何选择是一个难题，让创作者一一试用也不太现实，所以这里推荐几款功能实用的视频编辑器，以供参考。

（1）剪映

剪映是由抖音官方推出的一款手机视频编辑工具，可用于手机短视频的剪辑制作和发布。其最主要的功能有切割、变速和倒放，同时可提供专业风格滤镜，让你的视频一秒变大片。剪映发布的系统平台有 IOS 版和 Android 版，无论你使用哪个系统，都可以在应用市场上下载。

该软件还有别的视频编辑器没有的功能——剪同款，系统提供了不同种类的剪辑模板，有热门、卡点、电影感、宠物和美食等 11 个种类，创作者可以直接使用。如图 6-52 所示为剪映的首页和功能界面。

图 6-52　剪映首页和功能界面

（2）乐秀视频编辑器

乐秀是一款视频剪辑、制作和美化的应用，主要针对小影片、短视频的后期处理，其功能强大，主要功能有快速去除水印、添加水印、提取视频音乐、视频拼接、视频压缩、分辨率调节、旋转画面和视频倒序等，被列入"摄影大师的拍摄神器"。

在首页随意选择需要的功能，就能进入视频编辑的界面，对所选视频进行编辑。很多视频编辑器将各种功能糅合在一起，而乐秀与其他 App 不同，该软件是先选择功能再选择视频，加工方向更明确。不过乐秀 App 的某些功能需要开通 VIP 权限才能使用，对于抖音视频制作的用户来说又是一笔成本开支。如

图 6-53 所示为乐秀视频编辑器的首页和功能页面。

图 6-53　乐秀视频编辑器的首页和功能界面

（3）快剪辑

快剪辑是 360 公司推出的在线视频剪辑软件，其功能齐全、操作便捷，既可以在 PC 端使用，也可以在手机上使用，主要提供以下四大功能。

①专业剪辑，一用即会。精确到帧、高效修剪，支持画面分割、混剪和音频调节等多种剪辑操作。

②电影级滤镜，效果非凡。即使是手机拍摄的视频，也可以通过滤镜，达到媲美电影水平的惊艳效果。

③免费特效素材，迸发精彩创意。特效、音乐、字幕、贴纸、片头和水印等视频素材全免费。

④在线视频，边播边录。你不愿错过的精彩球赛、最爱的综艺节目，还有电视剧男女主角互撩的精彩瞬间，都可以边看边录。

在快剪辑 App 内同样提供了视频模板，可以供创作者使用，并通过对剪辑草稿的保存，记录上次还未完成的剪辑操作，非常实用。如图 6-54 所示为快剪辑的首页和功能界面。

图 6-54　快剪辑的主页和功能界面

6.4.4 视频剪辑有哪些注意事项

简单来说，视频剪辑就是对视频源进行的一系列操作。相信大多数人利用剪辑软件都能很好地完成，不过在这一系列操作中，有些地方需要引起我们重视，这样视频最终的呈现效果才会更好。下面来看看剪辑中的注意事项有哪些。

（1）剪辑逻辑要清晰

在开始视频剪辑前，创作者要有自己的剪辑逻辑，这是最关键、最重要的一点。无论软件功能多么强大，操作多么熟练，剪辑知识多么丰富，也要先确定自己的叙事方式和流程，才能根据主线进行恰当的剪辑操作。

而画面感对创作者来说是非常重要的，能够将故事画面在脑中重现，并想好镜头的先后、时长、转场方式及氛围，这样接下来的事就按规划操作，轻而易举了。

（2）镜头时长的分配

为了让画面镜头有抓力，我们要注意镜头的时长，尽量避免每个镜头用同样的时长来展现，使观看者觉得单一。我们可以镜头信息量的多少来分配镜头时长，比如长镜头可用 5 秒的时间来呈现，以便观看者彻底了解镜头下包含的信息。

（3）选择剪辑点

剪辑点是指视频由一个镜头切换到下一个镜头的组接点，在正确的组接点上切换镜头能使镜头衔接流畅、自然。剪辑点一般分为画面剪辑点和声音剪辑点，而常见的画面剪辑点有动作剪辑点、情绪剪辑点和节奏剪辑点。

一段视频中最常见的就是动作剪辑点，比如抽烟、拥抱、穿衣、开门和走路等。例如，当视频中人物的动作要跨越不同景别时，为了保证视频的流畅，就可以选择动作发生的最大处作为切换镜头的组接点。

又如，通过情绪和节奏来切换镜头，在加快节奏时，将下一个镜头的画面减少几帧保证视频的流畅。

（4）慎重选用特技

刚刚学会剪辑的创作者，可能会对特技效果非常迷恋，又加上各个剪辑软件内提供了各种各样的视频特效，容易导致特技效果的滥用。虽然发布在抖音平台上的短视频以新奇为看点，但还是要结合自己的定位，不要过多地使用特技，以免得不偿失，引起观看者的反感。

创作者要明白一个道理，用得好的特技一个就够了，如果效果一般，情愿视频画面简洁清爽一点，否则只会拉低视频档次。

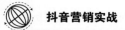

（5）慎用转场

转场的唯一标准就是流畅、自然，并不追求新奇、怪诞。在剪辑视频时，创作者并不常用转场特技，一般是直接切换镜头，只要稍加技巧就能自然过渡。如果非要使用转场特效，黑场＋叠化就已经足够了，这也是我们最常见到的转场技巧了。

而所谓的旋转、3D 等转场方式，虽然乍一看很有效果，但却并不常用。这是因为过多凸显转场效果，有重点偏移的隐患，而使视频的吸引力大打折扣，或是令观看者忘记视频的主要信息。总而言之，转场以朴实为宜，慎用特效。

通过抖音直播
来吸引粉丝

第7章

除了发布短视频以外，抖音直播也是进行营销的一个手段，无论是个人播主还是企业号，都可以通过直播宣传自己的账号，或是直接宣传自己的产品。不过直播需要满足抖音平台的条件，成功开通后还要准备直播使用的设备，选择直播的内容，通过有价值的内容来吸引粉丝。

➤ 开通条件是什么

➤ 抖音直播公会，你了解吗

➤ 直播卖货，这些方面要注意

➤ 设计直播封面

➤ 选择合适的直播内容

➤ 热门直播入口在哪里

➤ 如何做到直播不冷场

➤ 如何将礼物提现

➤ 要直播，硬件设施要准备好

➤ 如何通过直播吸粉

7.1 如何开通直播权限

抖音营销是通过定期发布有吸引力的视频，吸引人气，进而通过视频带货获取收益。除此之外，抖音还提供了直播的功能，这也是新型社交平台上的一种营销方式，通过直播面对面与粉丝交流，更能传递双方的情绪和要求，有利于客户绑定。

很多大家熟悉的网红通过直播卖货，可以说创造了很多销量奇迹，这也是不少抖音播主纷纷开通直播的原因。不过在抖音上开通直播功能需要一定的权限，并且还要通过平台方的审核以及完成一系列的操作。

7.1.1 开通条件是什么

抖音直播的功能并不是面向所有用户的，所以不是每个注册用户都可以立即开始直播，直播需要满足抖音官方给出以下条件。

①实名认证。

②粉丝数量达到 1000（2019 年 4 月数据）。

如果能满足以上两个条件，就会收到抖音官方号发来的消息，并获得直播权限，可以直接开播，如图 7-1 所示。

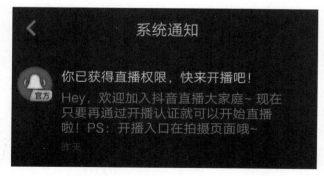

图 7-1　官方消息

不过粉丝数量并不是开通直播的唯一标准。自从直播功能上线后，抖音官方曾经多次调整能够开通直播的用户粉丝数量，最开始是 10 万粉丝量，然后降到 5 万，降到 1 万，再到 1000，可以看到抖音在不断地放宽条件。播主有了直播权限后就能马上进行直播，而抖音内有两个供播主直播的入口。

其一是进入"我"界面，点击右上角的 ☰ 按钮，在弹出的菜单栏中选择"创作者服务中心"选项，在"已开通能力"栏中选择"开始直播"选项，进入直播界面，如图 7-2 所示。

图 7-2　"我"界面入口

其二是进入抖音视频拍摄界面，点击下方的"开直播"按钮，如图 7-3 所示。

图 7-3　拍摄界面入口

进入直播界面后,不能马上开始直播,首先要编辑直播的标题以便吸引相关的粉丝,接着要上传封面图片,然后点击"滤镜"按钮,选择适合的滤镜,或是点击"美颜"按钮,为自己的面容增色。设置好后,点击"开始视频直播"按钮,就可以开始直播。

由于短视频市场竞争加大,所以也有未满足条件而成功开播的例子,这对于那些刚刚起步的抖音新手来说是非常有利的。因此,未满足要求的播主不要灰心,可以通过以上两个入口,试着开播,开播成功的概率也很大。

7.1.2 热门直播入口在哪里

除了自己开直播进行营销,很多播主还会去别人的直播间吸取一些经验。那么如何进入热门直播间呢?点击推荐页面上方的 LIVE 按钮,进入热门直播间,即可看到正在直播的视频内容,如图 7-4 所示。

图 7-4　热门直播入口

点击右上角的"广场"按钮就能进入直播广场,查看正在直播的热门播主,包括小时榜 TOP3 的播主,点击该播主就能进入其直播间。如果刚好遇上抖音官方比赛,如巅峰主播赛,还会对各播主的人气进行排名,有小时榜、地区榜。

点击█按钮就能对排名主播进行查看,可进入排名靠前的主播直播间,了解其直播方式、直播环境和背景音乐等,作为日后直播的参考,如图 7-5 所示。

图 7-5　进入直播广场

很多直播视频还都是围绕账号定位、热点内容和日常营销来选择直播主题,不过有一种更加直接的营销方式,现在在抖音上非常热门,即直播卖货。

上下滑动直播界面,可以更换直播间,如果进入正在卖货的直播间,可以看到页面下方多了一个█按钮,点击按钮,在弹出的对话框中可以看到正在讲解的商品,单击"去看看"按钮,就可以进入商品主页进行购买了,如图 7-6 所示。

这也是抖音直播与电商结合的一大发明,充分利用视频引流,最终达到销售营利的目的。这种直播在企业周年庆、双十一购物节以及京东购物节的时候可以多多推出,利用平时积累的人气完成营销价值。

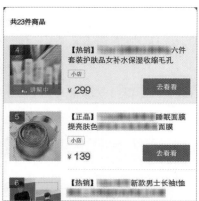

图 7-6　卖货直播

7.1.3　抖音直播公会，你了解吗

随着每年的双十一购物节的火爆，不少抖音播主也从直播中获得了巨大的收入，网络直播也渐渐成为许多人考虑的营利方向，每天都有不计其数的播主加入到直播的行列中来。

鉴于巨大的市场和利润，抖音直播的管理也在不断加强，不仅抵制低俗的内容传播，还对一些播主进行专业的管理，争取效益最大化，所以抖音公会在市场上发挥了其巨大的作用。简单来说，抖音公会就是直播的组织团队，在公会内有许多有潜质的播主，他们之间是合作的关系。抖音公会为播主提供相关的资源，播主的赢利要与公会分成，就像明星和经济公司的关系一样。

目前来说，抖音公会有 S、A、B、C 4 个级别，其中 S 级最高，然后级别依次降低，各级别公会的区别如下所示。

◆ **S 级**：该级别的公会拥有海量资源，以及推荐位和天窗权限等，能够很好地包装主播，让其获得更大的流量、更多的分成，不过该级别的公会之间竞争是非常激烈的。

◆ **A 级**：A 级公会的资源相对普通，分成少一点，不过对于一些小主播来说，也能让其正常发展。

- ◆ **B 级**：只比 C 级公会稍好一些，没有多少资源位，加不加入区别很小。
- ◆ **C 级**：C 级公会是新入驻的，还在发展壮大中，所以没有什么资源，想要加入的主播还是再观望一下比较好。

了解了公会到底是什么后，如何加入公会便成为很多抖音主播心中所想。其实拥有直播权限后，主播只能等待公会邀请才能加入。公会邀请之后，主播可在 App 内的"消息 / 消息助手 / 系统通知"中查看是否收到入会邀请，确认后直接点击通知中的链接即可加入公会。

7.2 抖音直播的一些小技巧

在网络直播不断发展成为一个新兴行业的时候，面对数量庞大的主播群体，如何从中脱颖而出是一个难题。对主播来说，做好一场直播就是扩大粉丝量的开端，不过自然地完成一场直播是需要技巧的，包括如何与粉丝互动，怎样提高粉丝留存率，以及如何让直播流量变现等，这也是不同的主播其直播效果大不相同的原因。

7.2.1 如何做到直播不冷场

其实对于新手主播来说，要面对镜头说话、推销自己或产品是有很大难度的，毕竟很多主播都是普通人，不像明星经常在镜头下生活。所以很多主播都遇到过直播时出现各种难以解决的情况，其中最常见的就是与粉丝的互动不够、冷场。

尽管有人外向，有人内向，但只要掌握一些不冷场的技巧，再长期加以应用，就会慢慢避免冷场的情况发生，那么有哪些技巧是可以利用的呢？

（1）表情一定要丰富

说白一点，直播就是网络娱乐的一种方式，网友在社交平台上看直播也是为了打发时间。既然是娱乐就要生动有趣，如果进入直播间看到主播一张"面瘫脸"，一板一眼，神情呆滞，那么什么好心情都没有了，可能立刻就会退出直播间。所以直播时的表情管理很重要，可以通过丰富的表情和肢体语言传递喜悦、欢快的心情，吸引粉丝、感染粉丝。

当然表情丰富不是一朝一夕能够锻炼出来的，需要长期的训练才能做到，主播们自己可对着镜子训练自己的表情，或是将其他主播的精彩表现截图下来，对着镜子模仿，长久下去一定会大有改善。

另外，直播中的肢体语言不能过多，却必须要有，尤其是直播内容的关键阶段需要有肢体语言的辅助，例如在一些卖货直播中我们常常会看到主播在展现产品功能时会加大动作幅度，这些动作都需要新人主播去慢慢学习。

（2）感谢不能少

在直播时最大的礼仪就是照顾好粉丝的情绪，对粉丝的留言进行回应。如果粉丝有送礼物表示支持，要表达感谢之情，但不用每一个都感谢一遍。遇到经常支持自己的老粉，可互动多一点，增强粉丝黏性。切忌主动向粉丝讨要礼物，这只会引起粉丝反感。

（3）习惯自说自话

直播间的人气多半来源于抖音账号的粉丝量，粉丝多的账号，开直播人气就高。而刚刚开始营销的账号如果没有多少粉丝，直播间可能人气相对较低，或许连粉丝留言也没有，所以习惯自说自话非常重要，就算人气不足也不能影响直播的心情和效果，无论什么氛围，都继续坚持要展示的营销内容，一如既往地说下去。

（4）个人积累很重要

冷场的其中一个很重要的原因就是主播脑子里空空的，没有内容，才会出现直播垮掉的情况。如果主播注重平日的积累，无论是幽默搞笑的段子、坊间逸事，还是热门话题，多准备几个总会派上用场。一来可以让粉丝看到主播的幽默，二来可以保证直播内容的丰富。

7.2.2 直播卖货，这些方面要注意

网络直播爆火后，对电商的影响也非常大。在以前，电商的订单量总是受图片效果的影响，再加上买家无法亲自体验产品的功能、质地，所以会更多地选择在实体店购买。而直播给电商带来了新的机遇，通过直播，产品的功能、特点及优势有很大的说服力和表现力，所以做好直播带货，利润可想而知。

不过从现状来看，有的直播 5 个小时就能卖出两万多单，完成几百万的成交量，而有的主播人气不错，下单量却少得可怜。虽然短视频卖货非常火，但是让用户产生购买需求却是很困难的。在成为一个成熟的带货能手前，我们可以从以下几个方面多加注意。

（1）展示产品的日常使用场景

对于某些产品，如家具、床上四件套、化妆品等，直接展示的效果可能比较普通，如果在直播间能够构建产品的使用场景或氛围，对产品的诠释一定很有帮助。

比如要推荐一套北欧风的沙发，是在家具城开直播效果好，还是在如图 7-7 所示的家里开直播效果好呢？

图 7-7　推销家具

答案是不言而喻的，通过产品在生活场景中的效果展示，能让粉丝更便利地考察产品的外观、颜色和搭配等，进而相信产品带来的好处，才会产生购买的欲望。

又比如化妆品销售，在直播时甚至不需要实际的场景构建，直接用语言描述一个场景，就能带来意想不到的效果。比如推荐一款口红的时候加上前面的限定词，一支口红就变成了"用来约会的口红"，再通过一些细节的描写，场景感有了，画面感有了，口红的销量也就提高了。如图 7-8 所示为网红在推销某款口红时，打出的标签——蹦迪唇釉，给使用这款唇釉限定了场景，画面感一下就有了。

图 7-8   设定口红使用场景

（2）突出卖点

直播卖货是有时长限制的，观众停留的时间也是有限的，要在短时间内将产品卖出去，突出卖点是很重要的。所谓卖点是什么呢？就是消费者的需求点，指产品具备的别出心裁或与众不同的特色、特点，这是营销中比较核心及实质的内容，只有卖点被消费者接受，才能达到产品畅销的目的。

而且一件商品的卖点可以只有一个，只要打动了目标消费者，一个也是有意义的，无须不断叠加。很多抖音直播卖货，尤其是卖化妆品、服饰等都不会只卖一套产品或一件衣服，而是很多产品接连不断地推出。这种情况下，一件产品一个卖点是非常合理的，也是不容易让粉丝困惑的。

比如推出一件服饰可以主打"大版型穿搭"，并告知展示模特的身高是

170cm、体重54kg，描述一下大版型服饰的优势、美感，一定能击中目标买家。

（3）主播人设

虽然直播带货的重点是产品，但是带货的人也有非常重要的角色作用。主播的直播方式、口才、肢体语言和展示效果会直接影响销售量。一般来说，人设鲜明的主播更容易有不俗的交易成绩，而这里的人设可以代表主播的个人性格、常用口头禅和经典表情等。比如某网红的经典口头禅"oh my god"将他直接带火，也使得销量暴增。

所以为自己设定人设，或是突出自己的人物性格，对带货是绝对有帮助的。常见的人设有搞笑、冷幽默和爆炸式撕喊等，都是能给用户留下深刻印象的。不过，打造什么人设也不是随便选择的，要根据账号的特点、产品的特点有针对性地选择。

（4）货品质量要保证

主播人设重要，我们推销的货品同样也重要。货品的质量是影响销量最重要的元素，尤其是人气高的主播，一次的劣质品就会毁掉之前建立的口碑，造成不可弥补的损失，所以主播一定要好好考察自己推荐产品的质量，加固粉丝对自己的信任。

除此之外，产品的价格也要进行科学的设置，不能盲目要价，也不能一味追求以量取胜，可以多参考抖音上同类型的产品定价，再结合产品的价值，制定出合理的价格。

7.2.3　如何将礼物提现

进行直播除了可以卖货、推广账户，还可以从直播中直接获取红包和礼物收入。如果直播的内容受到观看者的喜爱，粉丝就会通过红包和礼物表达他们的喜欢，所有播主从直播中获得的礼物都能兑换成现金，成为直播收入的一部分。不过，在没有签约的情况下，直播礼物要和抖音平台五五分成。

在收到礼物后如何提现，将收益转到自己的银行账户或支付宝账户？只需要几步简单的操作即可。

首先，打开抖音 App，进入"我"界面，点击 ☰ 按钮，在弹出的菜单栏中选择"钱包"选项，进入"钱包"页面，可以看到自己的抖币余额，选择"红包奖励"选项，如图 7-9 所示。

图 7-9　进入"钱包"页面

进入"红包奖励"页面，即可查看到账号的红包总收益和可提取金额，抖音提供了两种提现方式，一是提现到支付宝，二是提现到银行卡。如果是第一次提现到支付宝，需要进行绑定，选择"提现到支付宝"选项，在打开的页面点击"确认授权"按钮，如图 7-10 所示。

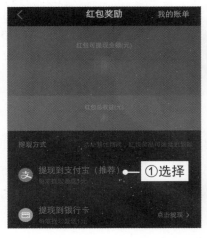

图 7-10　确认支付宝授权

在弹出的对话框中点击"确认"按钮，完成支付宝授权。在"提现"文本框中输入提现金额（注意每笔提现最低为 1 元），点击"确认提现"按钮，如图 7-11 左图所示。

如果想要将收益提现到银行卡中，则选择"提现到银行卡"选项，在打开的页面中填写持卡人姓名、银行卡号和手机号等信息，并输入验证码和提现金额，点击"确认提现"按钮，如图 7-11 右图所示。

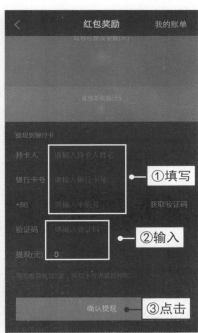

图 7-11　确认支付宝授权

7.3 抖音直播应该这样玩

对于直播新手来说，要玩转直播不是一朝一夕的事，很多抖音用户在开通直播后一直没能提高人气，很快就放弃了。其实直播刚开始都不是很顺利的，很多抖音用户也都是从无人问津慢慢变成热门主播的。只要我们把握好细节，从封面到内容，再到粉丝管理处处留心，一定可以做好直播。

7.3.1 设计直播封面

直播封面是展示给观看者的第一印象，封面涵盖的内容会直接影响用户的观看兴趣，所以设计一个好的直播封面会提高直播间的点击率。不过，在设计封面之前，首先要了解有关直播封面的一些基本要求，如表 7-1 所示。

表 7-1　直播封面的基本要求

方面	具体要求
尺寸	正常的直播封面分辨率为 800×800
违规	1. 使用风景、动物、卡通人物和影视角色等非本人照片的图片。 2. 穿着过于暴露，动作低俗。 3. 封面模糊、扭曲、有遮挡，使用过暗、曝光过度以及打马赛克的图片。 对于违规封面一定要避免，因为抖音平台不会对其进行推荐，还可能隐藏该直播间
布局	封面元素（人物、文字、贴纸）互不遮挡
封面文字	1. 文字醒目，字号足够大才能吸引眼球。 2. 字数控制在 4 ~ 5 个字。 3. 位置最好居中显示

抖音平台的直播封面各式各样，一般分为两种，其一是有人物的封面；其二是没有人物的封面，两种类型的封面在设计上的重点各有不同。

（1）有人物的封面

如果直播的形式是靠主播来展示相关内容的话，应选取主播的照片作为直播封面，而且人物要醒目，最好处于封面正中的位置。

一般来说，以人物作为封面，最好不要再加入其他元素。尽量凸显人物的颜值，至少看起来要美观大方，所以要用特写或半身照来展示人物。而且背景要简洁、干净、明亮，这样才不会喧宾夺主，还会给人舒服、自然的感觉。如

图 7-12 所示。

图 7-12　有人物的直播封面

选用人物作为直播封面时还有一些禁忌需要注意，如下所示。

忌美颜失真。 不要将美颜滤镜用得过于失真，也不要在脸上加一些卡通特效遮挡五官。

忌元素过多。 有人物的封面元素最好保持在两个以内，即人物＋重点内容。如果直播展示才艺，如弹钢琴、古筝等，只需加上乐器这个元素就好；如果是展示产品，加上产品元素也就够了，如图 7-13 所示。

图 7-13　人物封面两种元素

忌大头照。 尽量避免将脸过度靠近镜头的拍法，一是很可能不能完全展示五官，二是放大脸部细节容易影响美观。

忌大场景衬托。如果主播是直播的重点，那么将人物放置在较大的背景下，如宏伟建筑、辽阔风景，会导致重点转移或是重点不突出，如图7-14所示。

图7-14　封面的人物被弱化

（2）没有人物的封面

虽然直播大多以人物为主，不过直播平台上有些播主还是另辟蹊径，直播风景名胜、经典音乐精选、植物花卉和宠物等，这些直播内容都不是以人为主的，所以选择封面时也应该参考直播内容的重点元素，找出吸引用户的地方，并以此提高点击率。如宠物就应该展示它们呆萌可爱的一面，花卉就应该展示出别具一格的美，如图7-15所示。

图7-15　非人物封面

总的来说，不管有无人物作为封面元素，在设计封面时要掌握以下 3 个小技巧，才能发挥直播封面的吸睛作用。

①场景和直播内容相结合，从侧面表达主题。如果要展示植物花卉，最好在后院、花园等环境中进行直播；如果直播健身，最好在健身房直播；如果要展示化妆品效果，最好布置一个直播间进行直播。

②主次分明。元素不单一的情况下，分清要表达的主次，突出的元素放在封面中央。

③色调统一。可以根据账号的风格选择自己的封面色调，或色彩明亮，或用黑白色调，忌花哨，忌色彩堆积。

7.3.2　要直播，硬件设施要准备好

相信不少成功开通直播权限的主播会跃跃欲试，想要立即进行直播，不过在此之前，我们还要查看一下硬件设施是否都准备齐全了。很多新手主播可能还不是很了解应该准备些什么，不过由于抖音直播大多利用手机来操作，所以比电脑直播简单许多，要准备的设备也相对要少些。下面介绍一些基本的硬件设施，以供各位新手主播参考。

首先，进行直播要保证网络稳定，当然直播分为室内直播和室外直播，在室外的时候尤其要注意不要掉线，或出现卡顿的情况，容易带给粉丝较差的观感，所以开播前一定要进行网络测速。可以打开视频 App 看看电影，测试一下网速。

然后就要准备设备了，对于比较简单的直播来说，一部手机和一副耳机已经足够了，调整好角度，选择光线明亮的地方开始直播就可以了。当然对于耳机来说，不同的运用，不同的功能，选择也就有区别。那么该如何选择耳机呢？可从以下 3 个方面入手。

（1）耳机类型

一般来说，根据耳机位于耳部的位置，可将其分为三大类——覆耳式、入

耳式和耳塞，每种类型带来的听觉感受都是不同的，适用的场景也不一样。

　　覆耳式耳机是传统的耳机类型，佩戴时需要将整个耳朵遮起来，耳罩内配有缓冲材料，所以长时间佩戴也没有问题，而且音质也不错。当然，在便携性方面，覆耳式耳机就没有优势了，显得比较笨重，如图7-16所示。

图 7-16　覆耳式耳机

　　所以覆耳式耳机常在室内使用，而且适合唱歌直播、游戏直播等需要主播完全投入的场景。

　　入耳式耳机非常轻便，而且比普通耳塞的音质好得多，是最常使用的一种耳机类型。因其能置于耳道内，所以音频泄露更少，如图7-17所示。

图 7-17　入耳式耳机

入耳式耳机由于其轻便的特性，无论是室内还是室外，是运动还是静止，都能使用。如果作为主播，你的直播内容并不固定，直播场所也不固定，则入耳式耳机是不错的选择。

耳塞式耳机的外形和入耳式耳机差别不大，同样便于携带，只不过其位于耳道外，没有完全封闭听觉，所以音频容易泄露。总体来讲，耳塞式耳机的音质是这 3 类耳机中最差的，而且由于材料是硬质的，长时间佩戴，耳骨会很不舒服，如图 7-18 所示。

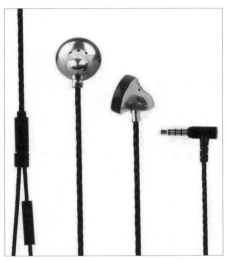

图 7-18　耳塞式耳机

如果不习惯入耳式耳机，可以使用耳塞式耳机来替代，不过由于音质和音源泄露的问题，最好不要在嘈杂的环境使用该类型的耳机。

（2）连接方式

除了耳机类型外，还可以通过与设备的连接方式来选择适用的耳机种类。市面上常见的耳机连接方式分为有线连接和无线连接。

无线连接的耳机可通过蓝牙技术连接到手机或其他设备上，摆脱了耳机线的束缚，无论是收纳还是使用都极其方便，如图 7-19 所示。

图 7-19　蓝牙耳机

现在市面上常见的蓝牙耳机主要有 4 个版本，分别是 4.0、4.1、4.2 和 5.0，各自的区别如表 7-2 所示。

表 7-2　各版本蓝牙耳机的区别

版本	区别
4.0	其主要优势是耗能低、省电，支持跨厂商互操作性，只有 3 毫秒的延迟
4.1	与 LTE 无线电信号同传数据时可自动协调，以降低蓝牙信号干扰；可支持多个设备同时连接，并提升了设备连接速度
4.2	在 4.1 版本的基础上，设备间的数据传输速度提升了很多，安全性也有所提升
5.0	数据传输量、传输速度和范围都有所提升，还加入了室内定位辅助功能，结合 Wi-Fi 就能实现精度小于 1 米的室内定位，而且耗能低

近年来，市面上的蓝牙耳机多是 5.0 版本的，所以蓝牙 5.0 版本的耳机也成为很多人的首选。但相对无线耳机而言，有线耳机的音质会更好更稳定，所以还是应该按需选择。

（3）附加功能

随着科技的发展，耳机的附加功能也在不断增加，其中最重要的就是防水和降噪功能。

如果要直播游泳画面或是雨天在室外直播，那么耳机的防水效果一定要很好，可参考 IPDW 等级值。DW 分别代表两个数值，D 代表防尘级别，W 代表防水级别，数值越大，相关性能就越好。IP 等级中，防尘等级最高值为 6，即完全防止尘埃进入；防水等级最高值为 8，即在指定水压下长时间放置也不会损坏。如图 7-20 所示为某款耳机的商品详情，可以看到其 IP 等级值为 IP68，即为防尘防水的最高级别。

图 7-20　某款耳机商品详情

还有一种防水参考标准——IPX，该等级值是单纯的防水等级值，常见的有 IPX4、IPX5、IPX6、IPX8 以及最高的 IPX9，可在 90% 湿度的环境下正常使用。

很多主播都会面临在嘈杂环境进行直播的情况，这时有降噪功能的耳机就非常重要了。现在推出的耳机功能越来越齐全，一款耳机能够集防水和降噪于一身，主播的选择面也非常广。

虽然耳机提供了麦克风功能，一般无须再购买麦克风，但歌唱类主播比较注重自身的嗓音音质，所以还需配备一个麦克风来美化声音。另外，手机支架、补光灯、挡光板和手机外置镜头等更加专业的直播设备也可以按需准备。

7.3.3　选择合适的直播内容

抖音为了净化网络环境，对直播内容进行了详细的规定，如果主播违规就会被中断直播或者封禁，所以要仔细选择进行直播的内容。一般来说，只要不涉及低俗、色情、恐怖和封建迷信的内容，还是有很多题材可供主播选择的。

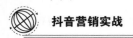

选定直播内容，既简单也不简单，主要经过两个过程，一是内容定位，二是内容策划。

内容定位就是指直播内容与平时发布的视频内容要统一，比如你是美食播主，在直播时就尽量选择与美食有关的内容，可以是推荐美食，也可以直播做饭过程；如果你是做护肤品的，可以直播产品测试，增加粉丝的信任度。

注意内容定位一致并不是内容一样，比如某服饰搭配播主，平常发布的视频以潮流穿搭为主，在直播时虽然要将内容定位在穿搭上，但也要有所创新，可以将直播主题设为"看电影学穿搭"，这样既符合自己的定位，又能为观众带来新的内容。

另外，直播策划是每次直播前都要做的一个步骤，目的是让直播内容完整有序地呈现给观众，以免直播时的突发状况打乱原本的安排。所以在做直播策划时，一定要将重要的内容进行提取，并按顺序列好。如图7-21所示为某播主制定的直播内容纲领。

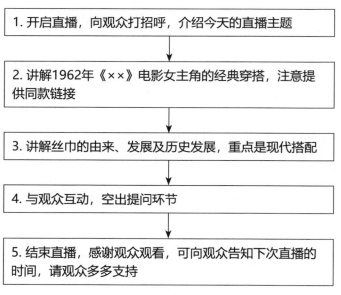

图 7-21　直播内容纲领

如果在室内直播，要注意每次直播前将自己的直播间好好整理一番。尤其注意背景，最好以白色、蓝色或黄色等单一色调为背景。

 小贴士

直播的推荐方式与视频发布不一样，每隔一小时就会被推荐一次，因此主播最好将直播时长维持在一个半小时以上，这样才有足够的时间来吸粉。为了让关注你的粉丝能够准时观看直播，每次直播可选择固定的时间，如每周一 18:00，这样可以养成粉丝观看直播的习惯，为直播带去流量。

7.3.4 如何通过直播吸粉

直播了一段时间的主播一定会面临一个问题，即如何涨粉，要知道维持粉丝数量已经很不容易了，更别说涨粉了。当然，也不是完全没有办法，下面来看看能够快速帮助新手主播吸粉的方法。

（1）主播名字

一般来说，较出名的主播都有标志性的网名，名字能够为主播定位，成为一个标志性的元素，观众也会觉得更加亲近。结合账号的特色和受众群为自己起一个网名是很有必要的，比如一些游戏主播名就比较中二、霸气，可以结合游戏角色名和技能名来取网名，常见的有社会冷魅姐、大仙、狮子小姐等。

注意网名的字数不宜过多，最好在 5 个字以内，不然粉丝很难记住，更不利于传播。

（2）个人气质

直播多是以人物为主，所以主播的个人气质会直接影响粉丝的去留。主播要通过自己独特的气质来吸粉，而气质也要符合人设。可以从衣着、说话方式和动作上下功夫，展现给观众一种固定的风格，并吸引欣赏该风格的粉丝。如某穿搭播主在每场直播时都要注意自己的服饰搭配，一定要潮流并且风格统一，

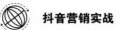

不能在穿着上太过随意，以免破坏了个人气质。

（3）利用朋友圈

刚开始直播的时候，很难一下子就吸引到很多粉丝，可能只有关注自己的用户才会观看直播。这时可以利用自己的朋友圈来推广自己，为直播间带来人气，再慢慢积累粉丝。

（4）直播活动

直播的目的是通过与粉丝亲密互动，增强粉丝黏性，所以直播内容自然与平时发布的视频有所不同。为了让粉丝有新鲜感，可以在直播时策划一些活动，有噱头才能吸引更多的粉丝，并且还能回馈粉丝。常见的活动有一起唱歌、抽奖活动和送礼物活动等。

（5）主题分类

为直播设置一个鲜明的主题对于吸粉来说是很有帮助的，越是明确的主题越有明确的受众，这些受众一般黏性非常好，容易发展成长期粉丝。

（6）内容有用

直播内容除了新奇外，如果能让观看者受益，或是获得有用的知识和技能，也容易受到关注。所以可以在选择上多以健康积极、有用的内容为主。

利用抖音引流
扩大受众面

第8章

抖音营销的本质是获得流量，有了流量就有了受众，所以引流是每一个营销播主要做的工作。对于引流方式的选择，引流话术的学习，以及抖音平台引流功能的使用等，抖音播主都要有一定的了解，本章将重点介绍这些知识。

▶ 利用抖音平台完成电商引流

▶ 抖音大号为小号引流的常见方式

▶ 设计评论区的引流话术

▶ 分析粉丝群

▶ "DOU+" 引流

▶ 通过抖音号为微信引流

▶ 账号互推合作引流

▶ 为评论区设置专业的名字和头像

▶ 硬广告引流法

8.1 如何操作跨平台引流

现在的网络社交平台很多，抖音、微博、微信和 QQ 等，在进行网络营销的时候，我们不可能做到在每个社交平台都拥有很大的流量，所以只能重点经营其中一个平台，然后利用该平台的流量为其他平台带去人气，完成营销效果最大化的目的。

而在一众社交平台中，最容易入手，也最容易积累人气的平台是抖音，很多抖音用户经过一段时间的仔细经营后，有了不少人气，但却为跨平台引流感到棘手。如何完成引流操作是一个技术活，需要新手们不断学习并开拓新的领域。

8.1.1 利用抖音平台完成电商引流

无论是个人创业者、小企业，抑或是知名品牌，在抖音平台上经过不断的营销，也能获得一定的人气。但是有了人气并不意味着会带来直接的收入，要知道现在能有真金白银交易的无非是电商或是微商。目前，抖音与电商的联系非常紧密，可以通过链接直接跳转到相关电商平台，在电商平台上完成交易，如图 8-1 所示。

图 8-1 淘宝链接

不过并不是所有账户都能通过该功能引流到电商平台，这需要用户自行设置，下面来看看具体操作。

打开并登录抖音 App，进入"我"界面，点击 ▤ 按钮，在弹出的菜单栏中选择"创作者服务中心"选项，在打开页面的"可开通能力"栏中选择"商品分享功能"选项，如图 8-2 所示。

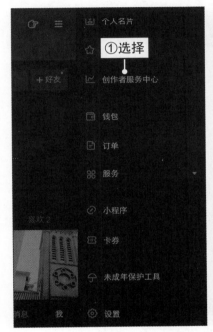

图 8-2 选择"创作者服务中心"选项

在打开的页面可以看到开通此功能的条件，首先要实名认证，其次个人主页视频数（公开且审核通过）不少于 10 条，以及账号粉丝量不少于 1000。未实名认证的账号可以点击"认证"按钮完成实名认证。

满足条件的用户可直接点击"立即申请"按钮，开通商品分享功能。成功开通后，就可在发布的视频中添加商品链接。视频在播放时就会弹出商品购买入口，如图 8-3 所示。用户点击该入口，就能进入商品购买页面。

图 8-3　申请开通商品分享功能

8.1.2　通过抖音号为微信引流

　　由于抖音平台与淘宝之间的合作使得电商引流非常方便，衔接也非常自然，一时成为很多人首选的引流方式。不过微信作为最大的私域流量池，其影响力也是不可忽视的，是很多用户无法放弃的营销阵地，但因为没有一个专门的引流渠道，很多抖音营销新手一筹莫展。不过，经过一段时间的摸索和试验，引流到微信也不是完全没有办法，其方式主要有以下几种。

　　（1）个性签名引流

　　在编辑个性签名的时候，可以将简介与微信号一同写上，这是最简单、直接的引流方式，一目了然地让粉丝知道你的微信号，如图 8-4 所示。

图 8-4　个性签名引流

从上图可以看到，在播主的个人简介中有"拍摄合作 vx""合作 V"的字样，后面紧跟着相关微信号。一些抖音营销新手可能会有疑问，为什么不直接输入"微信号：6454×××"的字样呢？

这是因为，同为社交平台，抖音是不支持甚至反对引流到微信这种做法的，所以在引流到微信时，应该采用比较隐晦的方式，以免系统检测到"微信"两个字，对账号进行降权或封号的处理。

（2）视频评论区引流

在营销抖音号的时候，播主要定期发布视频，而视频评论区基本是账户粉丝或感兴趣的用户，在评论区可以针对目标用户回复一些引流话术，再附加上微信号，也能在不经意间为微信引流。常用的句型如下。

如果对服饰搭配很感兴趣的话，可以加 V 多多了解，我们会定期推出搭配知识点，保证你在各种场合凸显气质。（VX：65×××）

在评论时要注意频率，不要每条视频下的评论区都有这种引流信息，容易引起粉丝的反感，只需在评论量大或是置顶视频下留言引流即可。

另外，播主还可以为自己注册一个抖音小号，关注自己的大号后，在评论里留言咨询，就可以自然地为自己引流。

（3）私信引流

抖音和微博一样都有私信功能，可以给关注自己的粉丝发送私信，但一般

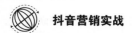
不选用发私信的方式引流。不过对于主动发私信给自己的粉丝用户，播主可以通过引流话术回复一下，回复的模板一般为"咨询请加 V：14657×××"。

（4）视频内加上引流信息

由于抖音播主会定期在抖音上发布视频，在视频中植入相关的微信引流信息是最好的方式，一来受众面广，二来能定期引流。可以通过口头引导、放置微信二维码图片等方式提供引流信息。

（5）音乐标题引流

在抖音上发布视频是可以为视频配音乐的，播主可以将自己的原创音乐上传至抖音，并将音乐标题编辑为微信信息，这样随着视频的传播，音乐也会随之传播。如果有更多的人喜欢你上传的音乐，使用该音乐时引流信息就会传播得更广。

8.2 抖音账号互相引流

除了跨社交平台引流外，在抖音平台上还能账户之间相互引流，从而为对方带去流量，互相巩固人气。这种营销方式是很多播主都会运用的，一般有两种引流方式，一是账号大号为小号引流，二是不同用户合作互推。

8.2.1 抖音大号为小号引流的常见方式

现在网络平台的营销竞争很大，所以很多抖音用户都是多账号、矩阵营销，通过大号、小号互相引流的方式带来流量。其中常见的做法有以下 3 种。

视频标题 @ 小号。在发布每一个视频的时候都在视频标题后面 @ 自己的小号，观看的人就会去关注。如图 8-5 所示，某播主拥有 800 多万的粉丝，可以算是网络红人了，但其为了给自己的团队带去流量，经常在发布的视频标题

中 @ 团队其他账号。通过他的引流，团队其他几个账号也有十几二十万的粉丝。

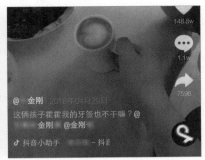

图 8-5　@ 小号引流

关注引流。将小号设为唯一关注，并在个人简介里备注只有自己关注的账号才是个人号，引导粉丝前去关注，如图 8-6 所示。

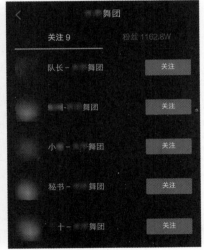

图 8-6　关注小号

图 8-6 所示是某舞团的抖音账号，其有 1000 多万的粉丝，可以说流量巨大。为了让舞团里的成员能够获得更高的关注度，有更多的粉丝，该账号关注了其舞团团员个人账号，并在个人简介里输入"舞团个人号在关注里"字样，以便引起粉丝的注意，而其关注的账号只有 9 个，并没有大量关注一些不相关的用户，

这样粉丝就很容易从关注列表中找到其他团员的个人号。

点赞小号视频。 大号受到关注时，很多粉丝会主动查看大号最近的动态，包括其发布的视频、喜欢的视频，所以大号可以经常点赞小号视频，这样就会在喜欢的视频列表中显示，如图 8-7 所示。

图 8-7　点赞小号视频

除了以上 3 种方式外，还有很多方法可以为小号引流，方法如下。

- ◆　大号常常与小号进行评论互动。
- ◆　在大号发布的视频内容里直接推荐小号。
- ◆　在置顶视频的评论区 @ 小号。

8.2.2　账号互推合作引流

除了用自己的大小号共同营销来巩固人气外，现在抖音上流行的引流方式是不同用户间的互推。

互推这个概念并不是抖音独创的，从 QQ 开始，再到微博，再到微信公众号，社交用户就开始不断地转发和分享自己觉得精彩的说说、公众号文章和微博等内容，让那些精彩内容在互联网的推荐模式下受到更多的关注。到了抖音，这种概念更是被运用得淋漓尽致，出现了不同账户之间的相互推广、互动，而带来 1+1 > 2 的流量效果，并各自在其中受益。

互推的方式有很多，下面我们就来了解一下，可以使用的互推方法。

（1）短视频互推

短视频是为账号带来流量的唯一渠道，所以抖音账户会定期发布垂直的视频内容，不过垂直的视频内容容易让粉丝产生审美疲劳，所以可隔一段时间来一次视频互推，既能让粉丝觉得惊艳，又能吸引其他账户的差异化粉丝。具体有以下两种做法。

①播主可以与其他账户合作，让其在自己的视频内出境，吸引对方的粉丝前来观看，或是出境到对方的视频里引起对方粉丝的关注。

②无须出境，在视频内隔空喊话进行互动，或是互相 @，同样能引起粉丝的好奇，有好奇心就能带来流量。

（2）合拍视频

对于不同类型的用户，可以利用互相的关联性合拍视频，比如服饰穿搭和拍摄技巧这两个账号之间的跨界合作，可让同一个视频既展现穿搭风格，又表现拍摄技巧和流程，一定能带来不一样的视觉感受。

或是设计故事型的视频，推出一、二、三、四部，第一部发布在自己的账号里，第二部发布在合作账号里，以此类推，完成粉丝的相互引导。

（3）喜欢内容互推

与大小号相互引流的方式差不多，通过点赞其他账号的视频，可以向自己的粉丝推荐该账号。反过来，通过其他账户点赞自己的视频内容而使自己获得更多的关注。这种方式非常简单，效率又很高，所以备受欢迎。

（4）转发互推

在个人主页中，不仅有"作品"栏和"喜欢"栏，还有"动态"栏。在"动态"栏中，会显示账号最近转发的视频，关注账号和进入账号主页的用户都可以查看，用这种方式也能达到互相推荐引流的效果，如图 8-8 所示。

图 8-8 　互相转发视频

从图 8-8 中可以看到，如果合作账号转发了你的视频，在其个人主页的"动态"栏中就会显示转发的视频，相互转发就能在一定程度上为对方引流。

（5）唯一关注

唯一关注是指在某个账号的个人主页显示关注数量为"1"，这样关注他的粉丝就会感到好奇，有了好奇，就会有流量的转移。

虽然介绍了一些引流的方法，但互相引流只能是在原有粉丝的基础上增加少量粉丝，并不能实现一个账号的大火和爆红，只有认真经营自己的视频内容，才有可能不断积累粉丝，收获营销价值。

8.3 利用粉丝来引流

除了个人大小号引流和相互合作引流外，抖音播主还可以利用已有的粉丝实现引流。一般来说，粉丝达到一定数量后，容易产生粉丝群，如果抖音播主能利用好粉丝及粉丝群的力量，实现引流，更快更多地涨粉不是问题，正所谓"众人拾柴火焰高""人多力量大"。

8.3.1 设计评论区的引流话术

在流量当头的今天，想要在网络营销中获得利益，就必须有人气，而人气的积累不能仅靠内容制作，还应该有一些引流技巧。正常的情况是先靠内容吸粉，然后利用粉丝引流，再靠内容固粉，这样形成一个良性的循环。

涨粉引流的方法有很多，怎么用到实处全靠自己的操作，有经验的播主仅以视频评论区为阵地就能达到很好的引流效果。

例如在抖音上寻找一些与自己定位相似的"大V"，在其评论区留言，将其粉丝引到自己的账号里，不过要提前编辑好引流话术，引流语要与众不同才能吸引粉丝。先来看一看下面的范例。

范例借鉴

四川某主打销售韩版女装服饰的品牌，听说互联网营销可以创造很大的利润，于是加入了互联网营销的阵营，入驻了抖音。为了推广自己的韩版服装，该品牌公司在抖音上发布了一系列的视频，由于时尚大气，很多女性用户都被吸引。该品牌没有找身材极好的模特来宣传服饰，而是在普通员工中选择身材普通的女生来拍摄视频，展现不同服饰的优势，吸引了大量的粉丝。

有了粉丝后，该品牌账号只要一发布视频就会获得大量的点赞和评论。该品牌发布的最新韩版公主裙，评论数超过了5万，好多女性用户都在评论区里求同款。这时，有一条显眼的评论是这样写的："该款连衣裙，本店新推出，前10名9折。"

一时之间，吸引了大量的用户点击该账号，进入其抖音账号主页。该账号的用户名是"复古连衣裙"，在其抖音主页发布了很多关于连衣裙款式的视频，

有美式的、英式的、韩式的和日式的等。很多女性一下子就被吸引了，纷纷点击关注。

而且，在"复古连衣裙"的个人简介里还写明了其个人微信号，添加微信号就可以立即购买。通过热门评论区的引流，该播主不但收获了粉丝，还得到了实实在在的利润。

以上案例中的"复古连衣裙"就通过"大V"的评论区实现了引流操作，简单、成本低。只需要注意两点，一是引流话术的使用；二是账号之间要有关联性，最好是同一类型的账号，这样粉丝才有相似点。下面来看看具体要注意的方面。

虽然说在"大V"的评论区引流的操作步骤很简单，只需评论引流就好了，但是很多播主都没有成功，其个人评论也没有受到大家的关注，这可能和其引流话术不达标有关。那怎样才能算是合格的引流话术呢？

（1）分析粉丝群

首先要对自己的潜在客户进行分析，也就是"大V"和自己可能会吸引的粉丝，分析步骤如图8-9所示。

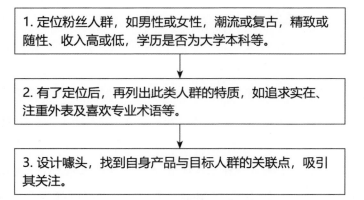

图8-9　引流话术的准备工作之分析粉丝群

图8-9所示的3个步骤，在第2步分析人群特质时，需要使用一个简单的罗列法来帮助我们，如下例所示。

范例借鉴

　　某大学生工作号的播主平时主要在抖音上发布一些有关大学生工作的视频，内容包括穿着、礼仪、简历制作、兼职信息和职场技能等。其受众粉丝都是大学生群体和刚入社会工作的人群，该账号偶尔也会发布一些兼职广告来获得收益。为了吸引更多的潜在受众群，该播主对这类人群进行了分析，得出其应具备以下特质。

　　1. 有意于兼职。

　　2. 缺点小钱。

　　3. 有过兼职经验。

　　4. 课业不繁重，求学阶段集中在大三、大四。

　　上例所列的 4 种受众特质，能够帮助播主制定与之相符的引流语。之前其在评论区的引流语是"我在做线上兼职，有兴趣的关注我"，效果甚微。

　　现在他对引流语进行了加工，并列出了以下 3 种引流语模式。

　　①我刚刚大学毕业在创业，有个拓展项目可在大学内做，月入 ×× 元，感兴趣的关注我。

　　②刚上大学的同学，想挣零花钱的，不用去当服务员，有手机就能做的临时工作，感兴趣的点我。

　　③大学无聊，有项目边玩就能边赚零花钱，丰富课余生活，感兴趣的点我。

　　经过修改，向其咨询的人越来越多。除了根据人群特质营销引流，自己创造噱头同样重要，比如通过解决问题而吸引潜在粉丝关注自己。如当妈妈太辛苦了，宝宝老是 ××，还好现在都解决了，各位妈妈也有这种困扰吗？关注我来找找解决办法吧。

　　要注意，互联网营销十分注重内容，不喜欢纯广告性质的东西，所以不要将引流语写成广告词，自然、合适最重要。另外，还要注意避免一些平台敏感词，包括兼职、微信和赚钱等。

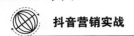

（2）引流话术技巧

引流语最能吸引粉丝的就是其内容中包含的价值，这个概念与发布抖音视频相似，如果视频内容没有价值，那么怎样都无法吸引用户关注。引流语也一样，体现自己的价值才能让评论区的粉丝主动关注你。

范例借鉴

为了引流到自己账号，某一个做减肥产品的账号在健身塑形的"大V"评论区发布了一些评论，其引流语的主要模式为以下3种。

1. ××牌减肥胶囊，美国进口产品，点我了解。

2. 减肥轻松搞定，关注我让自己不那么辛苦。

3. 女性瘦身难，天天少吃、锻炼，还是没有完美身材，××产品经过多人试验，一定对你有帮助，点击我就能了解。

上例的引流语虽然谈不上技巧有多好，不过其输入了最关键的价值即减肥，一旦有需要的人群看到，很可能会被打动，而在看健身视频的人都是想要有好身材的人群，被打动的概率就更大了。

另外，当在浏览某视频下的评论时，除了有价值的话语，语言风格独特、犀利、搞笑，同样也会自带关注度。

引流的目的是获得别人关注，所以吸引他人关注也可以不走寻常路。作为一名抖音播主，也许可以修炼一下自己的"段子手"特质。段子是网络流量的一大领域，可以通过浏览他人的做法、观看视频弹幕，慢慢积累有趣的点子，然后记录下来并加以修改，自然就能不断进步。

（3）评论注意事项

除了对引流话术进行修改外，评论留言的一些注意事项同样需要了解。

首先是评论时间，如果选择好了相关"大V"，组织好了引流语，那么就要时刻关注他，在其发布视频的第一时间评论，这样的评论才会显示在评论列表的最前端，并获得大多数人的关注。事实证明，评论得越早，获得的关注越会成倍地增加。

如果一个视频下已经有了成百上千条的评论了，就放弃该条视频，等待下一个视频，因为新的评论被看到的概率约等于 0。

其次要注意发布评论的频率，同一个账号的视频下不要有太多的评论，更不要在一个时间段内反复评论，造成刷屏的情况，这样粉丝可能都不会去看。

8.3.2　为评论区设置专业的名字和头像

除了学习如何编辑引流语以外，管理账号的头像和名字也是非常重要的，不能随意设置，要时刻体现关联性和专业性。要注意太过普通的名字没有吸引力，从一开始就不会有用户愿意点击。

（1）头像

我们可以参考以下几个要点选择自己的头像。

①账号头像要与内容相关联，体现内容和账号的垂直度，如果是主打卫衣的销售，账号头像却与卫衣无关，而展示穿连衣裙的照片，只会让粉丝觉得前后不一，也不会关注账号。

②账号头像要么专业，要么有格调，要么就接地气，但是不要低俗、恶俗，否则不仅会引起粉丝反感，还会被系统封号。

③头像的色调要简单、舒服，符合账号"气质"。无论是单色、五彩，还是黑白两种色调，都有其可取之处，无须非要选择大多数账号使用的颜色。不过在评论区一众账号刷屏的情况下，清新自然的颜色更容易受到大众青睐。

④创意头像也能吸引粉丝，如一身黑衣造型，很容易吸引科技宅人群的关注，在一众头像中也更容易出彩。个性化、极具创意的头像更具吸引力。

⑤在头像中加入文字或 logo，图像中的文字或 logo 会更突出，容易被注意到。当然文字在图像中的显示比例、字号大小等都要有所考量，字号不能过大，字数不能过多（4 个字以内最好），字体颜色以黑白为主，不要太花哨。

而 logo 的呈现要完整，位置在正中最好。

（2）账号名

在设计账号名时，最好符合下面 3 个标准。

字数。账号名字数控制在 5 个字以内。

模式。账号名格式可以是全中文，可以是"中文＋英文单词"格式，如"杜 sir"这样简单易记；而全英文名字不要有两个单词的组合，如"Kris"这样的就很好。

格式。账号名内不要胡乱加入奇怪的表情或符号，既让人摸不着头脑，也显得不专业，如"李姐口""※ 月羽 ※"等。

8.3.3 分析粉丝群

前面我们提到了想要引流首先要了解自己的粉丝对象，或者相似类型的播主的粉丝群，并对其进行特性分析。但如何了解自己的粉丝对象是一个麻烦的事，一个一个点开来查看似乎不是一个明智之举。

好在我们有如抖大大这一类抖音数据分析平台的帮助，在本书第 4 章的时候我们简单介绍过，不过并未具体讲解其分析粉丝群体的功能。下面以某服装搭配账号为例，来讲解相关操作。首先进入抖大大官网（https://www.doudada.com/），单击右上角的"登录"按钮，用手机微信扫码登录，如图 8-10 所示。

图 8-10　登录"抖大大"

登录成功后自动进入"工作台"页面，在上方的搜索框中输入想要查询的抖音昵称或抖音号，可以输入自己的抖音昵称，也可以输入想要借其引流的账号昵称，单击"搜索"按钮。进入搜索结果页面，可在结果栏查看该抖音号的基本信息，包括粉丝总数、视频总数、视频均赞和近 5 个视频均赞，单击其账号昵称超链接，即可进入具体的数据页面，如图 8-11 所示。

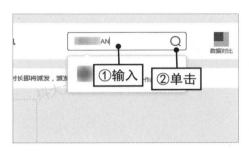 

图 8-11　查询相关账号

在该账号的具体数据页面，我们可以看到与其有关的所有数据，包括粉丝数、获赞数、视频数、粉丝趋势、TA 的抖音视频、视频时长分析以及 TA 的粉丝画像等，如图 8-12 所示。

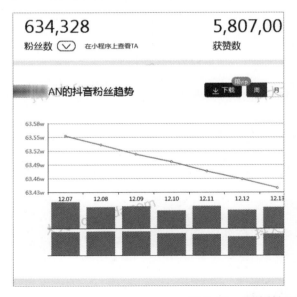 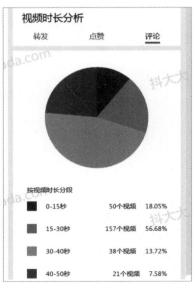

图 8-12　具体数据页面

在"TA的粉丝画像"栏中，我们能够查看想要的数据信息，这里提供了年龄分布、性别分布、地域分布、活跃度分布和设备分布的有关数据（不同的账号提供的数据种类不一样，有的账号还会提供"星座分布"数据），如图8-13左图所示。通过年龄分布我们可以看到该服饰账号很受年轻人喜欢，多数粉丝在18～32岁。

单击"性别分布"按钮，就可以跳转到性别数据页面，从数据图可以看出，该账号粉丝多为女性，占了63%，男性占比为37%，如图8-13右图所示。不过由于该账号发布的视频全是女性服饰穿搭，所以也许这37%的男粉是因为女性伴侣而关注的。在设计引流语的时候，可以加入该因素，如"十分有用的潮流穿搭，为女朋友关注起来吧"。

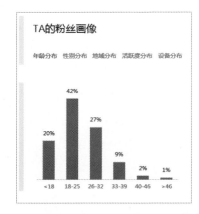

图 8-13　年龄和性别数据

单击"地域分布"按钮，查看地域分布数据，排在前4位的省份是广东、河南、浙江和江苏，如图8-14左图所示，仅广东一个省份就占了18.39%，可以看出广东的用户对服饰穿搭很感兴趣，可以根据广东的特殊天气，制作穿搭视频，进行引流。

单击"活跃度分布"按钮，有关数据以环形图进行展示，按照重度、中度和轻度的标准呈现基本分布，如图8-14右图所示，可以看到该账号的粉丝活跃度还是不错的，有超过50%的粉丝都比较活跃，说明对发布的视频内容很感兴趣。而轻度活跃粉丝与重度活跃粉丝数量相当，说明有一大部分的粉丝只是对视频稍有兴趣，从其身上获得实际收入的概率较低。由此可见，账号播主应该多引入真正的热衷粉。

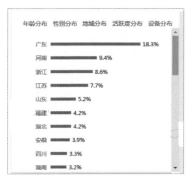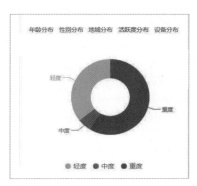

图 8-14　地域和活跃度数据

单击"设备分布"按钮，可以查看粉丝使用的设备是什么品牌的，如图 8-15 所示。了解粉丝的手机品牌，从中我们可以知道很多信息，比如爱用国产品牌还是外国品牌、收入水平和对性能的追求等。

从图 8-15 可以看出关注该账号的粉丝用 iPhone 的还是很多的，说明其收入在中等水平，对国外的潮流很是追随。而第二类就是 vivo，vivo 是国产手机品牌中比较出众的，很大众，性价比也很高，说明该类用户追求质量与评价。

图 8-15　粉丝使用设备数据

通过一系列的数据，我们能更好地掌握粉丝人群的特质，引流起来效率更高，所以善于利用工具对我们来说是事半功倍的。

小贴士

　　有自己的粉丝群的账号，还可以利用粉丝群来为自己引流，尤其是很多粉丝加入了不止一个同类账户的粉丝群。播主可以将自己认为较精彩的视频发布到粉丝群中，号召粉丝进行转发和点赞，并赠送粉丝一些福利或礼物，在不同的人群进行转发，很快你的视频就会成为爆款。

8.4　其他引流方式

　　引流方式多种多样，除了技巧型的引流方式，我们也可以通过一些直接、简单的方法为自己的账号引流。

8.4.1　硬广告引流法

　　硬广告引流法是所有引流方式中最直接、最没有技术含量的方式。不过，仍然有播主采用这个方法，说明该方法还是有一定作用的。

　　如果你的产品功能性很强，可不以内容为载体，直接将产品的顾客反馈、效果对比图和产品对比图用视频的方式发布出来，吸引那些目的性较强的用户。常见的产品类型有减肥、美白和生发等，如图 8-16 所示。

图 8-16　硬广告视频引流

图 8-16 所示的视频一个展示了美白产品的成分表，一个展示了瘦身的前后对比效果，用直接的方式展示了产品的功能，对此感兴趣的用户自然会被吸引。只不过该方式太"硬"，一般不推荐使用。

8.4.2 ◀ "DOU+"引流

前面我们讲过抖音企业号的一些功能，对"DOU+"功能也有简单的了解。"DOU+"功能能帮助播主的视频登上热门，属于付费流量。对于急需快速涨粉的播主来说是一个简单的方式。不过其对成本的要求较高，一般是 50 元起步。

"DOU+"功能主要从推荐量、点赞量和评论量来为账号引流，一般 50 元可以获得 2500 个推荐播放量。除此之外，还能定向推荐人群，引流更加精准。不过，"DOU+"功能并不是简单的付费引流工具，其对品牌的传播也大有帮助。如果想要将"DOU+"功能发挥得更好，就要加上其他引流方式一起助力，才能发挥巨大的影响，否则只是浪费钱财。

具体如何运用"DOU+"功能呢？首先打开抖音 App，进入已发布的视频界面，点击 ••• 按钮，在弹出的对话框中点击"DOU+"按钮，如图 8-17 所示。

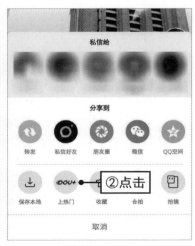

图 8-17　点击 "DOU+" 按钮

进入"DOU+"功能界面后，可看到系统提供了两种推荐方式，一种是"速推版"，另一种是"定向版"。在"速推版"页面，系统默认选择"点赞评论量"为推荐项目，如果这是想要的项目，就可以直接选择合适的推荐人数，或点击"自定义"按钮自行设置人数。人数的变化会影响支付金额的变化，如果在可接受的范围内，直接点击"支付"按钮即可。

当然也可以点击"粉丝量"按钮，切换推荐项目，如图 8-18 左图所示。用户对速推版不满意的话，可以选择"定向版"选项，如图 8-18 右图所示。

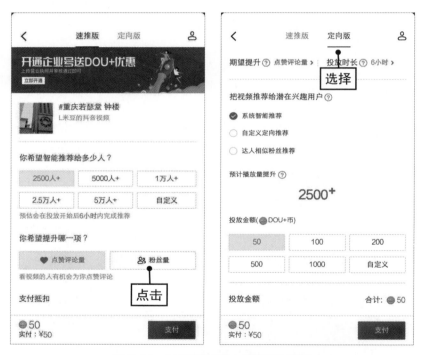

图 8-18　"速推版"和"定向版"页面

定向版页面提供了 3 种推荐模式，分别是"系统智能推荐""自定义定向推荐"和"达人相似粉丝推荐"，用户可以根据需要选择相应的模式。最简单的模式是第一种，直接选择投放金额并支付就可以了。

如果对推荐的粉丝群有自己的设置要求，可以选中"自定义定向推荐"单选按钮，在弹出的设置栏中，对粉丝对象的性别、年龄、地域、兴趣标签进行设置，如图 8-19 左图所示。

如果想要借鉴达人的成功方法，可选中"达人相似粉丝推荐"单选按钮，然后点击弹出的"添加"按钮，如图 8-19 右图所示。

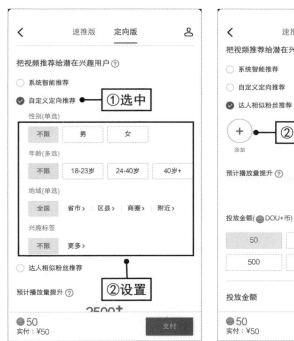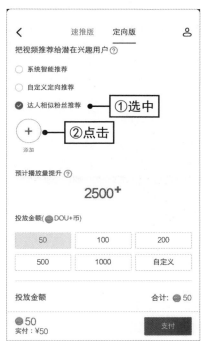

图 8-19　定向版推荐模式

在弹出的"选择"达人对话框中，我们可以看到抖音系统对达人进行了分类，包括搞笑、游戏、帅哥、美妆、音乐、婚纱、测评和运动等，从选择与自己同类型的达人为佳，如这里选择"美妆"选项。

在右侧的达人列表中系统推荐了多个达人，选择火爆的或自己一直关注的达人，选中其右侧的单选按钮。注意选择的数量上限是 20 个，下限没有规定，不过建议选择 5 个以上。选择完毕后，点击"完成"按钮，如图 8-20 左图所示。

返回到之前的页面，即可看到刚刚选择的达人，点击"支付"按钮完成支付就可以利用"DOU+"功能为自己的账号引流了，如图 8-20 右图所示。

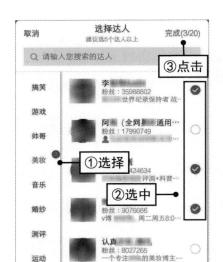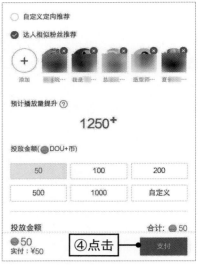

图 8-20　选择达人

如何为抖音账号
吸引更多粉丝

第9章

　　吸引粉丝是抖音播主在营销过程中一直要做的一件事，是循环的过程。播主不仅要通过内容吸引粉丝，也要通过互动及回馈留下粉丝，还要了解粉丝的意见发布其喜欢的视频内容，这样才能不断地吸引更过的粉丝，稳固原有的粉丝。

➤ 回复评论的四大技巧　　　　　　➤学会引导粉丝评论

➤ 最容易击中浏览者的情感要素　　➤清楚自己的情感主张

➤ 情感营销的3种形式　　　　　　➤丧文化情感营销

➤ 满足粉丝的求知欲　　　　　　　➤让粉丝有参与感才牢靠

➤ 满足粉丝的虚荣心

9.1 通过互动留住粉丝

很多抖音营销播主会把营销的重点放在视频内容上，这当然是无可厚非的，但吸引粉丝靠的是视频，留住粉丝却需要多方面的努力，而与粉丝互动是绝佳的"武器"。

9.1.1 回复评论的四大技巧

在抖音里，没有评论的视频是没有灵魂的。很多视频虽然播放量很多，点赞量也很可观，但就是评论的人数不多。其实对于抖音营销播主来说，评论量是最具参考性的数据了，评论的多寡意味着粉丝黏性。而有的时候粉丝是否愿意评论相关视频，也取决于播主回复评论的热情度。

通常，播主愿意主动回复评论，其视频下的留言质量就会高很多，不会出现评论里都是"很棒""好看"和"有意思"等情况，而愿意为视频内容作出有价值的评论的用户，都是潜在的变现客户。所以对这类用户我们应该有一定的热情，来回应其积极性。

不过对于回复哪些评论，播主应该有所选择，可主要回复以下几种。

◆ 点赞量多的评论。

◆ 包含产品信息和特色的评论。

◆ 对视频或产品有意见或建议的评论。

◆ 充满热情的评论，包括求回复、好评和专赞等。

选好要回复的评论后，还要注意回复评论的技巧，一般原则是礼貌、真诚、热情。

（1）差别回复

相信在抖音上我们也看过很多播主回复粉丝都是统一复制粘贴的，这样做虽然节省时间，但是对于粉丝来说却显得不够真诚。所以我们应该进行差别回复，宁可回复的粉丝数量少些，也不能回复一样的内容给粉丝。

不同的粉丝其评论各有不同，所以播主应该根据粉丝评论的内容，从不同的角度和风格来回复。

（2）独一无二性

每个人都有想被关注的渴求，粉丝也不例外，如果我们在回复粉丝时能让对方感觉到自己的独特性，相信更能增加粉丝的黏性。比如可以在评论前加上独特的、有针对性的称呼，如果是女粉可称呼其为小姐姐、小仙女，男粉可以直接用其网名称呼为"××君"。

（3）抓取评论的重点信息

粉丝的评论里如果透露了一些有价值的信息，播主一定不要忽略，如年龄、身高、体重，可通过这些重要的信息回复粉丝一些有用的信息，如下所示。

粉丝评论："播主推荐的连衣裙好好看啊，我只有 158cm，不知道能不能穿上播主推荐的连衣裙。"

播主回复："小仙女 158cm，正好适合这件连衣裙的小号，穿起来肯定美美哒。"

（4）评论卖家信息

如果抖音账号有线下门店，而又没有向粉丝展示门店信息，可通过评论的方式透露门店的地址、预订电话。往往询问店铺信息的粉丝都极有可能前去消费，可通过"特定回复＋店铺地址＋预订电话"的模式来编辑回复内容。

9.1.2　学会引导粉丝评论

看一个视频火不火爆，有多种方式，可通过播放量、点赞量、评论量和转发量来考察，但是评论量是最直观直接的，也是最有价值的参考指标。

现在的网友看的内容丰富了，选择的余地更多了，所以即使视频质量高，也未必会有很多人评论，这时需要播主自己想办法来引导粉丝或游客评论，主要有以下几种方式。

（1）创造内容的讨论点

从视频内容出发，可在视频中设置一个或者两个能引起讨论的点，这样评论量会快速地往上涨，比如可以选择一些有争议性的人物放在视频的文案中，如"某明星同款""美国化妆品与日本化妆品的对比"等，如图 9-1 所示。

图 9-1　北方雪景

图 9-1 左图所示为某播主发布的北方某景区的雪景，右图为该视频下方的评论。由于南北方文化、气候的差异，所以近年来在网络上刮起了一阵"南方北方大不同"的激烈讨论，一时成为网络焦点，从图 9-1 中我们可以看到大多数网友都对北方的雪景进行了讨论，这是该视频向网友提供的一个讨论点。

（2）标题文案引导互动

除了视频内容本身，视频的标题也是我们可做文章的地方。一般来说，在标题文案中通过问句的形式来引导粉丝评论是最常见的，比如以下一些引导性的句式。

"你怎么看呢？"

"××VS××，你选什么？"

"只要这么做就能……你学会了吗？"

"你赞同吗？"

除了通过问句引导互动，让粉丝抒发自己的看法，还可以通过奖励、奖品引起粉丝的互动兴趣，如图 9-2 所示。

图 9-2　引导互动的方式

图 9-2 左图所示为问句引导评论的互动方式，通过询问"2020 年你的愿望是什么呢？"引导粉丝留下了自己的愿望，这时播主可以回复一些粉丝，表达自己的祝福，以提高粉丝黏性。右图通过抽奖的方式，在回馈粉丝的同时，引导粉丝积极参与讨论。

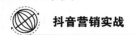

（3）互动门槛要放低

既然想要与粉丝互动，互动的门槛就要放低一点，以人人都能讨论为基准。在抖音不是开学术会议，不需要讨论多么深刻的道理和观点，所以要尽量选取生活化的场景引起与粉丝的互动，而不是一些假大空的内容，如下所示。

人生的意义究竟是什么呢？

是将就的活还是选择诗和远方？

牛顿和居里夫人谁对人类的贡献更大？

对比上面的问题，以下的内容才是我们应该多加运用的。

"淘宝客服态度恶劣，要不要投诉？"

"婚前 AA 制是合理的吗？"

"面对上司经常让加班，该如何委婉建议呢？"

9.2 引起"游客"共鸣来吸粉

抖音平台上不同播主吸粉的方式千差万别，不过通过情感共鸣来吸引"游客"驻足是一个通用的方式。情感共鸣是在他人情感表现的刺激下所引起的情感上的相似反应，这是属于人的一个特质，因此被广泛用作营销的手段。

9.2.1 最容易击中浏览者的情感要素

想要通过视频内容吸引粉丝，找到与粉丝的情感共鸣，创作者首先应了解最基本的情感要素，然后在视频中加入最易击中用户的情感要素，如下例所示。

范例借鉴

某位抖音播主是在城市打拼的上班族，其上传了一段视频，却意外得到了很多评论。而其创作的视频并不是什么新奇的内容，只是通过视频展示了城市的夜景，繁华、现代、令人向往，但是却没有一盏灯是属于他的，加上凄美的音乐和表达思乡的文案，一时受到很多网友的关注，如图 9-3 所示。

图 9-3　思乡文案

其实视频内容既不惊艳，更没有多少技术成分，但却得到了很多评论。因此我们可以看出情感共鸣对营销是很有帮助的，该视频无论从画面、音乐，还是文案，都塑造了一种人在异乡的孤独感，是很多在城市打拼的人心里共同的情愫。受到这种情感的影响，就算普通的视频也会脱颖而出。

从上例中我们可以了解到如何创造情感共鸣，首先就要找到受大众关注的痛点，提出自己的观点或感悟，就能引起观看者的共鸣，给予播主祝福、鼓励。下面我们来看看直击大众心理的 4 种情感要素。

（1）支持

希望得到支持是所有人内心的渴望，尤其是受到世俗观点贬低的时候。所

以对于那些承受某种社会偏见的群体，如90后、同性恋群体和理工男等，他们需要的情感共鸣就是支持。

某些主打青年产品的播主为了推广自己，会将年轻人尤其是90后受到的批评，如太自我、太傲慢、太不负责任等作为宣传的噱头，标榜年轻人的独立自主，敢想敢做，不在意他人看法，这样自然会得到大多数年轻人的支持。在这种支持下，其视频内容也很容易得到认同。

（2）批判

批判的情感要素是针对社会生活中那些不合理、不公正的事件而产生的，查看社会热点新闻的时候，我们会发现引发人们热议的新闻都是那些不平之事，如不给老人让座、插队和公共场所大声喧哗等，大众对这类事件的反应一般较为强烈，可以在这类事件上赋予自己正义感，所以批判的情感是很强烈的，也是很容易受到关注。

（3）反对

作为成年人，在社会中生存势必要受到方方面面的压力，包括职场上的委屈、成家的压力等，平时大家都小心谨慎、委屈求全，在网上休息的时候，好不容易找到放松自己的地方，自然会对某些观点表示反对。如某做职场文化的抖音账号，经常发布职场生存的视频，而其获得最高点赞量的视频标题为"人际关系的秘诀是说不，我凭什么要帮你"。

该视频一经发布，就有很多职场人士在视频下评论"对，我凭什么要拿一份工资做两份工""没错，这种人就该怼回去""对这种人真是忍够了"等。可见平日大家积累了很多负面情绪，所以才迫不及待地在网上表达反对的情绪。

（4）鼓励

鼓励永远是最受大家接受的情感表现，也是大家不会吝啬的情感表现，无论是求得鼓励，还是释放鼓励他人的信息，相信都会引起大家的共鸣。比如所有人都熟悉的运动服饰品牌Nike的广告营销文案——Just do it！可以说用最直接的、最简单的话语传达了激励向上的情绪，鼓舞了许多受众。

有时候甚至一句简单的"加油"也可以引起大众的共鸣，所以善用情感痛点，就能制造与粉丝的情感共鸣，达到我们吸粉的目的。

9.2.2 清楚自己的情感主张

如果要依靠情感来吸引粉丝，就要知道情感营销的基本原则，虽然我们了解了最容易引起大众共鸣的四大情感要素，但最重要的是清楚自己的情感主张。如何选定情感主张是一件不容易的事，情感类型有亲情、友情和爱情，情感要素有支持、批判、反对、鼓励、拼搏和自立等。

抖音播主可从以下两个方面来选定自己的情感主张，以便进行情感营销。

首先，情感主张与账号定位要相符合。只有符合账号的情感营销才能深入人心，就像钻戒品牌应该营销爱情，如果转而营销友情，只会让人觉得榫不对卯，也无法不能获得极大的关注，如图 9-4 所示。

图 9-4　情感定位

图 9-5 左图所示为某网红拍摄的田园生活视频，其主要营销的是豆浆、糕点和蘸酱等手工农产品，该网红把情感定位为回归田园，所以其拍摄的视频都与手工、乡村和田园有关，通过这些田园生活的展现，该网红播主向粉丝传递了舒适、自在、怡然的情感要素，获得了很多饱受城市生活压力的人的认同和喜欢。

右图所示为某家电企业拍摄的员工家庭生活的一面，旨在向受众传递企业重视家庭、重视亲情的情感主张，非常符合家电企业的定位，更能让潜在消费者对品牌感到认同。

其次，新颖独特。情感主张是多种多样的，被人用过很多的"不抛弃、不放弃""活在当下"以及"实现自我"等已经不新鲜了，可以引领的热潮也不会太大，如果能够想出与品牌相符又十分新颖的情感主张，一定能获得巨大的流量与讨论。只因情感营销也有"审美疲劳"，频繁使用粉丝就会麻木。

如图 9-5 所示就是抖音上不多见的情感主张，左图是奶粉品牌提出的新鲜育儿观；右图是汽车品牌提出的时间概念，放弃现代都市，以时间跨度穿越古今，体现新款汽车的速度。

图 9-5　新颖的情感主张

9.2.3 情感营销的 3 种形式

情感营销虽然是非常常见的营销方式，但是真正要做好却不是那么容易，播主要为自己进行情感定位，还要站在受众的角度来分析情感痛点，并且要通过巧妙的形式将情感传递出去，达到内容、定位和形式三位一体。

情感营销的主要形式大致有 3 种，分别是故事视频、个人解说和访问交流，下面依次来介绍。

（1）故事视频

故事视频，即用讲故事的方式表达品牌或账号的情感主张。这种方式的优势在于不露声色，完全符合抖音内容营销的特点。而常见的故事视频有励志故事、爱情故事和亲情故事等。

一般来说，故事要围绕产品或品牌来设计，在故事中展示的不仅仅是情感，还有品牌元素。这一类的营销很多，不过要注意这种情感营销的形式是以自然、温情为主要基调，比较新锐、犀利的情绪是不宜以故事来展现的。

如果在视频中自然地展示品牌，或是打造品牌 IP，就要控制好两个主线，一是故事线，二是品牌线，两条线的关系如图 9-6 所示。

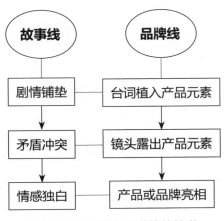

图 9-6　故事线与品牌线的关联

从图 9-6 我们可以知道品牌元素要在故事线中适当插入，如图 9-7 所示。

图 9-7　故事视频

图 9-7 所示为某巧克力品牌在抖音上发布的视频，由于巧克力在大众的心中已经与爱情、甜蜜捆绑在一起了，所以该视频也是有关爱情故事的情感营销。其故事线为告白→被拒绝→反转，而产品在情感转折时（告白被拒、转折）都有出现，并有特写镜头展示。

从一开始台词提到"你喜欢吃冰淇淋味的巧克力吗？"再到女主角拿出巧克力，被拒绝后经过故事情节发展，然后男主角拿出巧克力，产品的两次出境可以强化观众对产品的印象。故事线和品牌线相辅相成，并通过青春爱情故事传递甜蜜的感情，引起受众的共鸣。

（2）个人解说

除了以故事来传递情感之外，现在个人解说在抖音等互联网平台上越来越火，很多视频都是依靠网红的精彩解说而火起来的。具体该怎么做呢？

可以某一情感主张制作相应的话题，设计该话题的主线，并展开解说，在解说文案中植入品牌或产品信息。个人解说结构主要为如图 9-8 所示的 3 个部分。

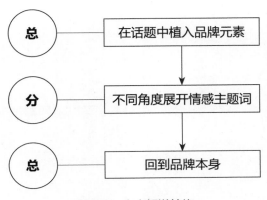

图 9-8　个人解说结构

图 9-8 以比较简单的总分总结构，展示了个人解说嵌套品牌元素的过程，其最重要的部分就是开头，对于情感话题的选择，既要能结合品牌元素，又要是受众关注的话题，比如某床垫品牌就从亲情讲到孝顺父母，讲到产品的卖点，最后将品牌与亲情结合在一起，达到最终的情感营销效果。

（3）访问交流

访问是通过问答的方式传递主要观点和品牌信息，也能传递当事人的情感，是比较传统的情感营销方式。访问交流的流程如图 9-9 所示。

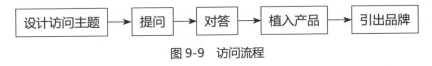

图 9-9　访问流程

访问类的营销太过传统和硬性，其实不适合短视频营销的性质，但有时也会加以利用，这类情感交流访问一般要以受众为主，站在其立场上设置问题，这样回答时才能与受众产生情感共鸣。

如母婴类的品牌，可以设置母亲想知道的关于产品的关键信息，如产品安全性、产品益智性等，更能激发母亲群体的共鸣感。

如图 9-10 所示为某母婴产品账号在抖音上发布的街头采访视频，主题为"孩子只该妈妈自己带吗？""妈妈育儿篇之一个孩子太溺爱了怎么办？"通过这两个主题的制定，访问将围绕母亲减负来进行，并适时推出自己的产品。

图 9-10　有关母亲育儿话题的访问

9.2.4　"丧文化"情感营销

"丧文化"是指流行于青年群体当中的带有失落、悲观等情绪和色彩的语言、文字或图画等。在现实生活中，尤其对于 90 后来说，因为生活、学习、事业和情感等的不顺，日常压抑，而在网络上表达或表现出自己的真实情绪，进而成为一种文化趋势。

这种"丧文化"也是情感的一种表达，是对于之前网络上流行的鸡汤文、励志句和成功学的一种反弹，在网络中逐渐变得流行和大众化。所以以"丧文化"

进行情感营销也成为不少企业的方向。

那么,在抖音短时频中我们应该如何利用"丧文化"做情感营销呢?先来看看以下例子。

范例借鉴

最近在抖音上吸粉无数的饮品店,其通过"丧文化"的情感传递,触动了很多年轻人。由于饮品店的客户群体主要是年轻人,所以得到年轻人的认可很重要。其店内的标语和饮品的命名都充满了真实感,说出了年轻人的想法。如图 9-11 所示。

图 9-11 丧文化吸粉

从图 9-11 中可以看到"丧文化"的一些关键词:"最胖的""喝不到"等,这些生活的负面被摆到了大众面前,反而给了大家一种安慰和激励,这也是"丧文化"能够引起共鸣的原因。

其实，用情感共鸣来吸粉，最重要的就是真诚和走心，"丧文化"是能够做到这一点的。除此之外，"丧文化"还有一个流行的原因就是让负面情绪得到了宣泄。

网络一代的年轻人发现，除了呐喊和哭泣，我们还可以自嘲，以宣泄对生活的不满和抗议。不过在使用这种情感营销时，要注意吸粉类型，其更适合主打年轻品牌的服饰、美食和手机等品牌，至于奶粉、家电等商家，还是选择其他情感主张来吸粉比较稳妥。

9.3 找到人性的弱点来吸粉

抖音平台是娱乐和营销共存的平台，受众会选择自己喜欢的娱乐方式来打发时间，而营销账号就要根据人性的弱点来调整提供的视频内容，以便吸引某一类型的粉丝，所以把握住人性的弱点就可以从中得到收获。

9.3.1 满足粉丝的求知欲

抖音用户中很大比例的有极大的求知欲的，无论是专业知识、游戏知识、生活知识还是无用的杂学知识等，能以娱乐的方式得到一些知识，这是用户非常乐意的，如图9-12所示。

图 9-12　获得不同领域的知识

图 9-12 所示的两个抖音主播，一个发布了民俗知识——安塞腰鼓的视频，一个发布了某款热门游戏的角色解读，这两类视频都在不同领域满足了相关人群的求知欲，为其提供了可以使用，或讨论的内容，所以能够吸引相关粉丝关注。

求知欲是渴望获得知识的愿望，拥有求知欲的人群比其他用户更加目的明确和自律，所以一般通过满足人的求知欲来吸引关注度的账号，其粉丝黏度会更强。

9.3.2 让粉丝有参与感才牢靠

参与感是从粉丝立场出发的一种感受，将粉丝从关注者中拉出来变成营销的一部分是非常容易吸粉的。如果账号能够不时地将粉丝拉进营销队伍，对于吸粉和固粉都是十分有效的，如图 9-13 所示。

图 9-13　号召粉丝参与活动或话题

图 9-13 所示的两个主播都发布了号召粉丝参与相关活动的视频，并且通

过活动给粉丝送去一点"回馈"。这种营销手法很像实体店宣传的周年感恩活动，可以在一段时间内拉动店内经济、增高人气。

在抖音账号上号召粉丝参与相关活动也一样，不仅可以吸粉，还能与粉丝互动，让粉丝不轻易取关。如图 9-13 左图所示，很多普通人都有一颗表达自己的心，想要被看到，但却不能像网红一样展示自己的兴趣和才华，该主播通过让粉丝上传有趣的小视频来展现自己，同时因为活动能被很多人看到，满足了粉丝的参与感，让粉丝与账号的关联度更强了。

9.3.3 满足粉丝的虚荣心

虚荣心是所有人都有的一种心理状态，无论男女都有虚荣心，虚荣心得到了满足，人就会获得快乐。所以虚荣心也是营销的利器，通过满足一部分人群的虚荣心，就能得到其关注，如图 9-14 所示。

图 9-14　满足受众的虚荣心

图 9-14 所示的视频文案中涉及一些能满足虚荣心的关键字词，如"马上变小仙女""优雅仪态"和"变成美少女"，相信很少有女生看到这些话能不动心。这些文案和视频内容都是女生想知道的，能极大地满足女生的虚荣心。

9.4 稳定粉丝要持续更新

某位抖音播主因为热门话题一时被很多粉丝关注，一夜之间涨粉无数，达到了 10 万以上。不过半年后，其粉丝量不升反降，只有两三万人了，因为他半年内就发布了 6 个视频，基本上每月一个视频，这数量远远不达标。

要做出一个热门视频，对很多抖音播主来说已经不是一件难事了，随着用户对热门话题的追逐，很多播主都能获得几万的点赞量。不过粉丝的增长却不是那么容易，一段时间没有发布视频，就会出现粉丝大量下降的情况。

所以持续不断地生产优质产品才是长期吸粉和保证粉丝黏性的方法，但是持续更新不是一个简单的事，每个视频的创意、文案、音乐和拍摄都需要花时间斟酌。保证持续更新所面临的两大问题，其一是精力不够，尤其对于个人播主来说，策划一个视频已经耗费心力了，别说保证视频定时发布；其二是素材的收集实在是很麻烦的事。

精力不够可以组建团队来帮助自己，或者备齐需要的设备，减少自己的工作（这在前面的章节有讲过）。此外，最重要的还是建立视频内容素材库。

建立视频素材库是解决更新难题的基石，有了自己的素材库，就能定期从素材库中找寻灵感，并依照素材制作视频。建立素材库主要可以从以下 4 个方面入手。

新闻热点。收集各类新闻可以了解最近的热点，方便将视频内容与热点结合，更容易上热搜。可通过一些视频网站来收集，如新浪新闻、搜狐新闻和网易新闻。如图 9-15 所示是网易新闻网（https://news.163.com/）首页。

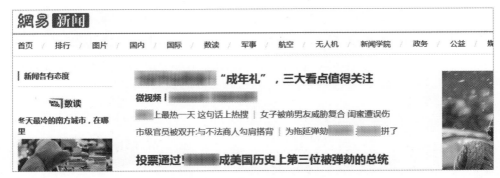

图 9-15　网易新闻网首页

在图 9-15 所示的新闻网首页中已将当天的热点展示出来，并对新闻热点进行了分类，有国内、国际、军事、航空、公益和媒体等，有了这些积累，就会在设计主题时给予我们灵感。

影视剧集或综艺。影视剧集和演员明星挂钩，所以常常自带热度，尤其是近期大火的。影视剧集里的经典剧情我们可以借鉴利用，当作制作视频的模板；热门综艺中的流行语可以作为文案穿插在视频或标题文案中。

搞笑段子。搞笑段子在现在的网络生活中是很难忽略的，所以平时可以在微博、表情包中收集一些搞笑段子备用。

生活小故事。贴近生活的东西总会得到大家的关注，以前在网络还没有发展起来的时候，故事会在大众中是非常流行的，现在有了网络，大家也只是换了种方式来看故事。身边的故事要随时收集记录，网络故事可以加以编辑使用。

有了建立素材库的方向后，我们就可以按步骤进行相关项目了，主要分为 3 个阶段建立素材库，其一是收集素材；其二是储存素材；其三是挑选素材。

（1）收集素材

虽说我们知道了要收集哪些内容作为素材，但是用什么方法收集还是一个问题。其实可以通过分散收集和目标收集两种形式来操作。

分散收集就是在各大网站，如新闻、视频网站，浏览文章和视频来保证自已的信息敏感度。在收集时可借用一些储存工具，如有道云笔记、天天记事和印象笔记等。如图 9-16 所示是印象笔记官网（https://www.yinxiang.com/）。

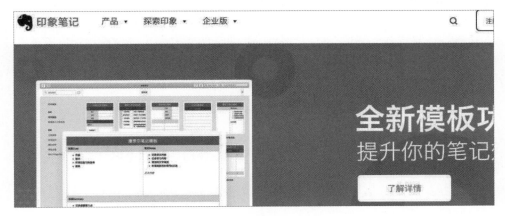

图 9-16　印象笔记官网

目标收集就是按照规划收集素材，如制订好一个月的或一个季度的计划；比如一个月发 10 个视频，每 3 天一个，就要设计 10 个话题，可以与影视、歌曲和热点等相关，根据设计的类型去寻找相应的素材，积累起来并做好分类。

（2）储存素材

储存素材是建立素材库非常关键的一个步骤，会使用到储存工具。现在常用的储存工具多为云盘，其优点：一是存储量大，二是可以通过文件夹分类。如图 9-17 所示为百度网盘登录页面（https://pan.baidu.com/）。

图 9-17　百度网盘登录页面

（3）挑选素材

播主储存好素材后，还要对素材进行挑选，哪些是精选素材，哪些是内容一般的。作为抖音播主，我们挑选素材要注意以下三点：一是要定期删除过期热点；二是标新立异的观点应该重点关注，如"穷养儿子富养女，我不这么认为"；三是按主题挑选。

找准定位才能
脱颖而出

第10章

在讲解抖音的营销技巧时我们也提到过,做好账号定位才能更有效地提高自己的知名度,才能从一众同类账号中凸显出来。如何定位抖音账号呢?主要从内容、风格、粉丝和竞品4个方面来操作。

▶ 确定内容主题

▶ 以标签狙击目标粉丝

▶ 收入和学历不同的用户要区别考虑

▶ 哪些短视频类型更受用户喜欢

▶ 锁定竞品

▶ 个人播主如何不被同质化

▶ 建立自己的知识体系

▶ 对广告的态度决定营销方式

▶ 哪些元素用户更爱观看

▶ 了解竞品优缺点

10.1 动态调整抖音内容

抖音新手常犯的一个错误就是找不到重点，随意发布视频，造成视频列表里的内容优质比很低，因此很多播主都免不了要不断调整内容，直到找准自己的方向。

10.1.1 确定内容主题

调整视频内容的第一步就要从确定内容主题做起，比如有的播主做母婴类，有的做美妆类，有的做测试比对类，每个类型都有其存在的个性，如果一味地模仿他人，就会失去清晰的定位。确定内容主题的方法就是从大到小不断缩小范围，最终找到自己的视频主题。内容主题主要应选择自己擅长的领域。

某播主对美妆类很熟悉，所以一开始就想做美妆类的视频，发布了一系列美妆产品的相关视频，有眼霜该怎么用、面霜该选什么牌子等，这样发布了一段时间的视频后，也收获了一些粉丝，如图 10-1 所示。

图 10-1　美妆类视频

图 10-1 所示为同一个播主发布的有关美妆的视频内容，左图是有关面霜选择的内容，右图是化妆品真伪辨别的内容。这样做可不可以呢？当然可以，不过应该注意视频发布的时间。

在营销前期，播主发布的视频应该更加垂直，即如果要做美妆类视频，可以单选其中的一类来主要介绍，如面霜、口红、化妆水、香水、眼影和粉底等，比如专注做口红的介绍，这样抖音用户在选择口红时都会关注他，如图 10-2 所示。

图 10-2　推荐口红

在迎来了粉丝的爆发期后，我们就可以适当拓宽自己的领域，仍以口红为主，不过可以加上其他内容来辅助，以吸引其他粉丝的关注。

10.1.2　个人播主如何不被同质化

抖音平台不同于其他互联网平台，其以用户为中心，以内容为核心。所以在抖音上想要获得流量就要了解抖音平台的运行规则。

某网红在微博爆火后，转战抖音营销，一开始获得的关注并不算多，不过一年以后就拥有了上千万的粉丝，成为抖音平台的“大 V”，有很大的影响力。她的成功在于不断地改变自己的视频内容，以满足平台和粉丝需求。

首先，在她入驻抖音后发了几条很生活化的视频，由于其已经是一个知名的博主，所以受到了不少的关注，不过内容并没有在抖音上火起来。于是她将自己的视频定位在了热门领域，开始发布一些搞笑视频，这类视频是很容易爆火的。

在通过几个搞笑视频获得许多播放量后，她开始对社会热点问题进行创作，通过搞笑的段子来展现社会上一些普遍现象和不文明现象，以引起粉丝的讨论，如图 10-3 所示。

图 10-3　创作热点内容

图 10-3 左图以抖音神曲为素材，将热门歌曲进行发挥，唱出了二人转的风格；右图以生活中的小插曲为主题，展现身边那些搞笑又值得讽刺的那些人——老爱说英文的人。这两个视频都抓住了热点，一个是网络平台热点，一个是生活热点，将热点与搞笑相结合，使她获得了极高的点赞量。

在通过热点内容加深了粉丝对自己的印象后，她又开始打造自己的话题和热度。借热度只能在一时提高流量，通过自己的话题增加粉丝才能成功将自己的知名度打响。而抖音这种能够设置话题的营销平台，很大程度上为播主提供了帮助。播主可以利用自己的名气发起话题，如"××模仿秀"，引起滚雪球般的效应。

将自己的账号成功定位后，可以对固定的粉丝进行研究。以粉丝的需求为导向，在这一点上她是非常明确的，一直以 20～30 岁的青年群体为主要粉丝群，视频的内容也以他们的喜好为主，如图 10-4 所示。

图 10-4　以青年人为主的话题

图 10-4 所示的两个视频都以青年人看重的话题为内容，设计了搞笑的段子来引起青年人的关注。左图以恋爱话题出发，展现那些在恋爱中容易出现的问题；右图以怀旧为主，可以说是非常契合潮流了，近几年由于 80 后、90 后步入社会，网络上渐渐刮起了一阵怀旧风，无论是 10 年前的电视、电影、动画，还是青春岁月，都能引起一众网友的感慨。

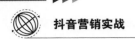
右图通过高考这个话题引出真题试卷，再引出校园生活，一时得到很多粉丝的回应。

由于她的视频自己都会出境，所以打造自己的个人形象 IP 非常重要。打造人设其实就是往自己身上贴标签，并按照这个标签呈现自己的形象。她拥有"高学历""段子手"等几个标签，为了维持自己的人设，其在与粉丝互动和视频开头的时候，都会尽量展示这方面的形象。

在不断修改自己的视频内容后，她获得了大量的粉丝群体，而且黏度很高，也有了自己的人设和定位，使她不会轻易被同质化的内容给替代。

10.2 定位抖音账号的风格

在前面的营销技巧中我们提到过要为自己的抖音账号进行定位，除了内容上的定位以外，还有另外一层意思就是要有自己的风格，无论是账号、人物等都有自己的特色。有了自己的风格才不会被轻易取代，因此风格就意味着价值。

10.2.1 以标签狙击目标粉丝

账号的标签是通过视频的类型来划分的。抖音的标签划分机制是非常成熟的，根据账号发布的内容，就可以为账号分配相应的标签。常见的有萌宠、影视和育儿等，不过这个标签的划分没有在账号中显示出来，但在抖音的后台却有明显的划分，方便系统更加科学地引流。

当一个账号有了自己的标签以后，就会被推荐给同样对此感兴趣的用户，账号与粉丝之间通过标签相链接，各取所需，如图 10-5 所示。

图 10-5　标签的链接作用

如何为自己的账号贴上抖音标签呢？抖音播主发布的前 10 个视频是非常关键的，其决定了该账号的大概领域。如果前 10 个视频的类型主题一致，如都是发布的美妆类视频，那么系统会将你的账号定位为美妆类，并将你的视频推荐给对美妆关注较多的用户，这些用户就很有可能成为你的粉丝。

而很多抖音新手都会犯的一个错误就是在前期尝试多种主题，不断更换视频主题，或摸索营销的领域，视频内容多且杂，系统也无法为其定位，只能减少对其的推荐，所以无法有更多的播放量，如图 10-6 所示。

图 10-6　不同播主的主页对比

图 10-6 为两个播主的视频列表对比，可以一眼看出左图以萌宠为标签，而且再更细致地划分，该播主以"喵星人"的蠢萌日常作为账号的主要视频内容。而右图这几个视频有风景、有萌娃，一时难以为其贴上标签，所以右图账号所受到的关注远远没有左图大，点赞量也很少。

另外我们还要注意，在抖音平台上一个账号有两种属性，即用户和创作者。

这两种身份的标签可以一致，也可以不一致。不过为了更好地营销自己，应更好地融合用户标签和创作者标签，因为抖音系统会在创作者标签还未正式确定时，通过账号的用户标签来为其引流。

比如你是做健身的，那么在还未发布个人视频的时候，就可以多关注一些健身账号，多浏览一些健身视频，这样你的领域流量就会被系统定位在健身这一项，当你开始发布视频的时候，系统能更快速地为你分类、引流。

那么在经过一段时间的运营后，如何确定我们是否已经被抖音贴上理想标签了呢？可以通过以下步骤来了解。

用朋友的抖音账号搜索自己，进入个人主页，点击"关注"按钮右侧的 按钮，会在下方弹出"你可能感兴趣的人"列表，向左滑动，可以看到抖音为用户推荐的相关播主。如果这些账号与你本人的账号领域一致，则说明抖音已经清楚你的定位，为你贴上了标签，你可以继续按着这个标签营销自己，如图10-7所示。

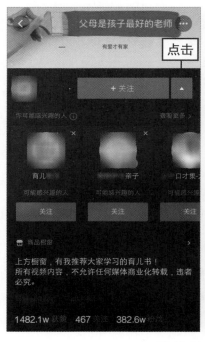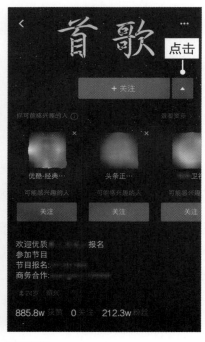

图 10-7　查看标签

图 10-7 左图所示的推荐关注列表都是亲子教育主题的，与本人账号的个人简介完全符合，说明抖音平台已经为其贴上了相关联的标签；而右图推荐的账号领域不一，有媒体的、有视频的，可见其自身标签不明朗，需要尽早确定好自己的定位。

10.2.2　建立自己的知识体系

所谓知识体系就是对所在领域的相关知识、要闻和技能作系统的了解，并形成全面的知识结构，通过这个知识结构，可以游刃有余地处理相关问题。与之相对的则是碎片化的知识点，因为碎片化，所以无法全面地了解自己。

在抖音平台上，我们也可以通过建立自己的知识体系，更好地定位自己，营销自己。不过在建立知识体系之前，我们首先要考虑以下 3 个问题。

◆ 了解自己建立的体系是什么？

◆ 这个知识体系有什么用？

◆ 为什么在抖音上营销要建立这个体系？

只有清楚了以上 3 个问题才能明白自己的方向，如下例所示。

范例借鉴

某抖音账号是专门做视频拍摄和剪辑的，其最初发布的视频就是想通过技术类作品吸引相应对象。不过其发布的内容太过零散，一会儿是剪辑，一会儿是配乐。今天刚发布了画面布局的基础，明天又在讲色调问题，可以说内容很凌乱，不利于塑造其专业性。

不过在后期，其意识到自己应该建立相关的知识体系来辅助自己创作作品。于是从获取素材的途径、分类和整理两方面进行操作。

首先，该播主购买了大量的拍摄书籍，一边学习，一边从书本目录中提取出基本的知识框架备用；然后在各大社交平台上观看视频拍摄的相关课程，对课程的标题进行罗列，待之后整理顺序。

接着对松散、混乱的知识点和知识结构进行整理和分类，列出了以下目录。

一、摄像技术发展简史（1个视频）

二、摄影成像的主要原理（1个视频）

三、摄像机的主要类型（5个视频）

　　　　按专业分类

　　　　按存储器分类

　　　　按感光元件分类

　　　　按清晰度分类

　　　　新型摄像设备

四、摄像机的操作使用（8个视频）

五、如何用光（3个视频）

六、画面构图（3个视频）

七、编导基础与分镜头（10个视频）

八、后期编辑制作（5个视频）

列出目录后，又根据各知识点的重要程度来安排视频拍摄的数量。在发布视频的时候，其视频标题文案统一以"目录主标题＋视频副标题＋数字编号"为基本格式，每个视频都不是单一的，而是属于知识体系里的一个分支。

由于其知识体系的建立，其账号的个人定位也一目了然，并且十分专业，根本不需自己花心思营销，已经从同类账号中脱颖而出。

从上例我们了解了知识体系的建立过程，但其中最关键的一个步骤是关于如何整理分类，可按照以下步骤来操作。

①碎片化的知识点不要放进知识框架中，单列到一个信息库中，用作视频的点缀，可在同一知识点的视频中穿插一个有趣的视频进行讲解。

②分类要懂得取舍，不能什么知识点都要，大致划分几个重点，只要开始做出一个体系，日后再进行添加也是可以的。

③知识体系不能一成不变，随着时代的发展，对于需要改进的知识点要重新划分，对缺少的知识及时进行补充。

10.3 如何进行用户定位

除了对抖音内的视频内容进行观察、调整，改变自己的创作方向之外，我们还应该对抖音平台的用户进行了解，并对多数的用户进行定位，以此来考虑自己的营销内容。

10.3.1 以年龄、性别和城市级别区分目标用户

对抖音平台的用户进行分析，需要结合几个数据维度，最后才能形成一个整体的用户画像。最基础的数据维度就是年龄、性别和城市级别，如图 10-8 所示。

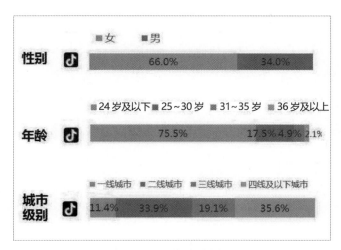

图 10-8　基础数据维度

图 10-8 所示为 2019 年抖音用户的性别、年龄和城市级别的占比数据。

从性别上看，女性占比 66%，男性占比 34%，女性用户远远多于男性用户，

那么针对女性用户的产品营销就相对要好做一些，如美妆类、服饰类和家居类。

从年龄上看，24岁及以下的占比75.5%，25～30岁的占比17.5%，31～35岁的占比4.9%，36岁及以上的占比2.1%，可见抖音平台的主要用户是年轻人，尤以生活压力较小的青年群体为主，所以新潮、逗趣、搞怪、便宜以及中低端的产品更易在此类人群中进行营销。

从城市级别来看，一线城市占比11.4%，二线城市占比33.9%，三线城市占比19.1%，四线及以下城市占比35.6%。从这个数据来看，一线城市中使用抖音的人数占比较少，四线及以下城市占比最大，可见抖音的用户群体在四线城市渗透得更多。

10.3.2 收入和学历不同的用户要区别考虑

一个人的收入水平决定了其消费水平，也决定了其对产品的基本要求，所以对用户的收入水平是要有一定了解的。而学历高低的分布可以告诉抖音主播内容的设计难度，如图10-9所示。

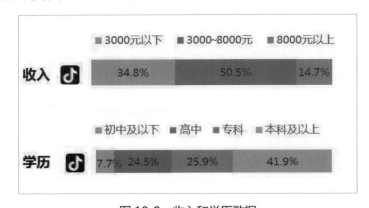

图10-9 收入和学历数据

由图10-9可以看出，抖音用户的收入在3000元以下的占比34.8%，3000～8000元的占比50.5%，8000元以上的占比14.7%，可以看出3000～8000元收入的用户最多，多为城市的普通白领阶层。

而在学历的分布中，初中及以下的占比 7.7％，高中占比 24.5％，专科占比 25.9％，本科及以上占比 41.9％，由此看来，抖音用户的学历还是比较高的。

结合收入和学历，我们可以看到抖音用户虽然接地气，不过仍然会对视频的内容有一定的要求，所以在内容运营上还是要有精彩和能够吸引人的地方，不能一味地搞笑，并且营销产品性价比较高的更适合他们。

10.3.3 ▶ 对广告的态度决定营销方式

很多人对抖音的印象就是内容营销、软广告，这可以从侧面说明抖音的广告是没有给用户带来厌烦感的，由此给网络营销提供了一个新思路——用户对哪种广告形式的接受度更广呢？如图 10-10 所示。

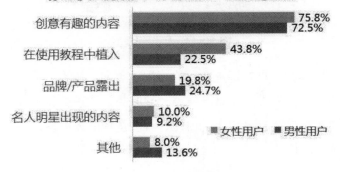

图 10-10　广告接受度

图 10-10 罗列 5 种广告形式，分别是创意有趣的内容、在使用教程中植入、品牌 / 产品露出、名人明星出现的内容以及其他，这里将用户分为女性用户和男性用户，并对这 5 种形式的接受度分别进行了对比。

可以看到无论是男性用户还是女性用户，对于创意性广告的接受度都很高，达到 70％以上，所以用户在发布广告视频的时候可以多朝这些方面去考虑。

其实在抖音平台上，图 10-10 所列的前 3 种方式都是常见的广告方式。由此可见对用户的喜好有所了解是很重要的。

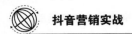
10.3.4 哪些短视频类型更受用户喜欢

我们在前面的章节中对抖音平台上的视频类型进行了罗列，以便创作者可以针对这些内容自我定位。不过这么多的视频类型究竟哪一类更受用户的喜欢呢？如图 10-11 所示。

抖音用户更喜欢看的短视频类型

搞笑/恶搞类	82.3%
技能展示类	56.0%
日常生活类	54.1%
教程类	43.3%
歌舞表演类	35.7%
颜值类	31.7%
风景类	23.2%
游戏类	18.7%

图 10-11 短视频类型

图 10-11 所示为 8 种抖音上常见的短视频类型，搞笑 / 恶搞类、技能展示类、日常生活类、教程类、歌舞表演类、颜值类、风景类和游戏类，这 8 种类型的视频中前 3 类都有 50% 以上的占比，说明选择的人很多，当然最突出的还是搞笑 / 恶搞类视频。

截至目前，抖音上比较火的播主做的都是搞笑视频，如果有创作者对此感兴趣，可以往这方面发展。

10.3.5 哪些元素用户更爱观看

我们知道抖音短视频的元素等于视频的主要内容，也是账号定位的主要方向。正如萌宠类视频，其视频中必然有宠物的元素，可以是日常，可以是搞笑，可以是科普，但是必须有最核心的元素，这样账号才能被准确定位。

在定位自己之前，应该先了解抖音用户都爱看哪些元素，哪些元素是男女都爱观看的，如图 10-12 所示。

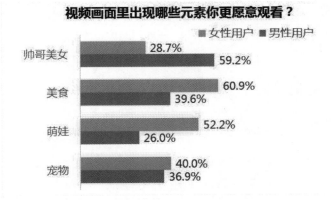

图 10-12　视频元素

图 10-12 从男性角度和女性角度分别呈现了用户对不同短视频元素的喜爱程度，在帅哥美女、美食、萌娃和宠物这 4 个元素中，可以看出男性用户和女性用户的差别还是挺大的。

女性用户更喜欢美食、萌娃，而男性用户更喜欢帅哥美女，所以男性用户和女性用户的兴趣点刚好错开。因此创作者在进行定位的时候，可以首先确定自己的营销人群是男性用户还是女性用户，再从该类人群的兴趣点入手，考虑视频元素。

通过一系列的数据图，我们对抖音的用户有了一个较为清晰的定位，针对抖音用户画像，创作者可以决定自己的定位，以获得更多用户的喜爱和关注。

10.4　竞品分析很有必要

竞品就是指竞争产品，或是竞争对手的产品。而竞品分析就是对竞争对手的产品进行比较分析。通过对竞品的分析，明确同类产品的优缺点，对自己的产品和营销方式进行改变，从而不断地进步。

在抖音上营销也要懂得竞品分析，对同类型的账号进行竞品分析时可以学习别人的优势，改进自己的劣势，这样才能更好地定位自己的产品。不过进行竞品分析是一个很复杂的过程，而第一步就是锁定竞品。

10.4.1 锁定竞品

既然是做竞品分析，就要按照竞品分析的流程来操作。竞品分析流程大致如图 10-13 所示。

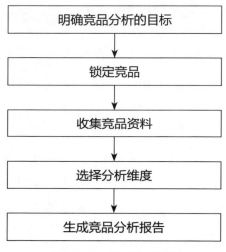

图 10-13　竞品分析流程

其中最重要的就是"锁定竞品"和"选择分析维度"两步操作。而抖音上的同类型账号很多，如何选择相关竞品是一个难题。这时，我们可以借助一些工具来帮助自己，首先可以利用抖音系统的关注人推荐机制，来帮助我们寻找同领域的账号，即竞品。

在前面的小节中我们也讲过，在个人页面的"关注"下拉栏中，能看到抖音系统推荐的"你可能感兴趣的人"，从而确定自己的定位。通过点击"查看更多"链接，就可在跳转的界面中看到系统的全部推荐，并从中选择竞品，如图 10-14 所示。

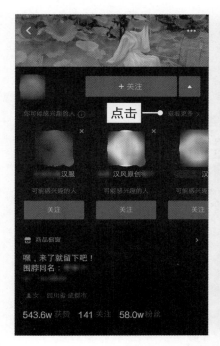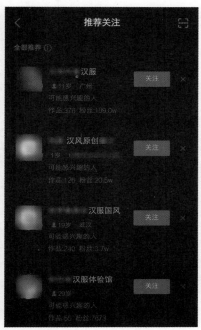

图 10-14　借助抖音系统查找竞品

图 10-14 所示的账号都是与原关注播主同领域和类型的账号,不过我们选择竞品也不能随意选择,可以根据粉丝数、地区和重点内容等来选择。如原主播粉丝数有 58 万,地区在四川,视频元素以古风和汉服为主,视频内容多以内景为主,偶尔设置外景剧情拍摄。

那么在挑选竞品的时候,首先从粉丝数缩小范围,选择有 60 万～ 100 万粉丝数的账号,毕竟原播主的目标应该是突破百万大关;其次可选择四川地区的播主,这样可以减少变量,方便之后的优劣势分析;最后选择以汉服拍摄为内容的账号,可以选择外景拍摄为主和内景拍摄为主的两类账号。

除了利用抖音平台帮助我们筛选竞品,还可以通过短视频数据分析平台的分类机制来锁定竞品。在前面的章节我们也推荐了几大常见的数据网站,可选择一个数据平台打开其官网,如图 10-15 所示为飞瓜数据网(https://dy.feigua.cn/)。

登录飞瓜数据网，进入工作台页面，单击页面左侧的"播主查找"选项卡，选择"播主排行榜"选项，在右侧可以看到数据平台对抖音播主进行的分类和排序，如图10-15所示。

图 10-15　播主排行榜

单击"所属行业"栏中的"宠物"选项，就能查看萌宠类别的相关播主，根据页面展示的粉丝数来缩小竞品选择范围，再查看账号详情，确定与自身账号相似较高的竞品。

或是选择左侧的"播主搜索"选项，在右侧的页面中选中"高级搜索"单选按钮，通过筛选条件锁定竞品，如图10-16所示。

图 10-16　高级搜索锁定竞品

总的来说，有了竞品选择范围之后，要从 3 方面来确定最终的竞品，一是受众面相同；二是满足需求相同；三是选择的数量不要太多，以 1 ～ 2 个为宜。

10.4.2　了解竞品优缺点

我们之所以要做竞品分析，就是要通过竞品充从而更好地发现自己的优势，定位自己，所以了解竞品的优缺点是必不可少的。在得到竞品优缺点的结果前，我们要收集相关资料，并确定分析维度。

（1）收集资料

在确定一两个竞品后，对于竞品的基本资料我们要有所了解，包括入驻抖音的时间、粉丝黏度和最受欢迎的视频等，这些都需要利用短视频数据平台来实现相应资料的收集。

以飞瓜数据网为例，打开其官网并登录，在页面单击"播主搜索"按钮，如图 10-17 所示。

图 10-17　单击"播主搜索"按钮

在打开页面的搜索框中直接输入抖音昵称，单击"搜索"按钮，就能查找到该账号，如图 10-18 所示。

图 10-18　关键字搜索播主账号

单击"查看详情"按钮，就能进入账号详情页面，从"数据概览"中可以了解竞品的基本信息，使我们分析起来更方便，如图 10-19 所示。

图 10-19　查看竞品详情

（2）确定分析维度

分析维度不只适用于竞品，还可同时对自身进行相关分析，主要从宏观和微观两方面入手。

宏观方面的分析维度有行业分析和环境市场分析，具体的分析维度如表 10-1 所示。

表 10-1　宏观方面的分析维度

宏观角度	具体维度
行业分析	行业现状、市场规模、市场接受度、未来发展和工业技能等
环境市场分析	政治环境、经济环境、社会问题和技术层面等

从微观角度上看，有用户层面和视频内容两个分析维度，具体内容如下。

- **用户层面**：覆盖用户群、用户年龄段、用户转化率和用户分布比率等。
- **视频内容**：视频元素对比、最受欢迎视频、视频点赞率、内容侧重、剪辑区别和制作水平等。

播主可以根据账号的特性来选择重点维度，如汉服类营销账号，其分析维度的选择如下所示。

- **行业发展**：越来越受到国家的重视、中老年人慢慢接受、一部分青年人很热衷。
- **社会争论**：汉服和民族服饰的争论，可能使相关服饰受到抵制，有一定营销难度。
- **行业环境**：已形成产业链，不用担心转化率。
- **用户群**：用户群年龄偏小，喜好过杂。
- **产品质量**：质量不一、不易被信任；元素多，不易被选择；适宜性——不太适合日常穿戴。

（3）得出分析结果

选择了分析维度后，通过一些数据分析方法来得到最后的结果。

- 横向分析

横向分析就是多个账号之间进行维度比较的分析方法，主要用表格来呈现，并记录最后结果。如表 10-2 所示为 3 个账号的横向分析，通过对比可以对每个账号的优势和劣势进行总结。

表 10-2　3 个账号的横向分析

	账号 1	账号 2	账号 3
维度 1	√	○	×
维度 2	○	×	√
维度 3	√	○	×
维度 4	×	○	√
……			

◆ 纵向分析

纵向分析是对竞品的优缺点进行分析并总结，并不参考其他账号，只针对当前账号的相关数据作分析。一般使用 SWOT 分析法，如图 10-20 所示。

优势	机会
劣势	挑战

图 10-20　SWOT 分析模型

通过复盘改变抖音账号的营销战略

第11章

复盘是一种现代管理思路，可以运用在学习、生活和工作等各个方面，其核心思想就是对将要发生的事进行目标分析，并在事后总结完成情况，总结优劣。这种思路也可以用在抖音营销中，帮助抖音播主找到自身的优势和劣势，以便获得更多的人气和关注。

▶ 什么是复盘　　　　　　▶ 复盘的意义

▶ 复盘的内容结构　　　　▶ 确定目标问题

▶ 对结果进行评估　　　　▶ 找出复盘计划的成败原因

▶ 总结经验以优化自身

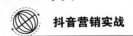
11.1 了解复盘的概念

复盘最开始是围棋术语，也称"复局"，是指对局完毕后，复演该盘棋的记录，以检查对局中招法的优劣与得失关键。喜欢下围棋的选手都有复盘的习惯。后来这个概念又被运用在股市和商贸中，用于项目或活动结束后对已经进行的项目进行回顾，对经验和教训进行总结。

11.1.1 什么是复盘

在互联网营销中，复盘的概念也渐渐被提及，很多新手可能会觉得这个概念比较陌生且复杂，但是简单来说，复盘就是对自己的产品营销情况进行回顾，分析问题。

一般来说，复盘包括回顾、反思、分析和提升 4 个方面的内容，这与我们常说的总结概念相似，但两者的不同是总结是归纳数据，复盘是分析数据。在抖音平台上的复盘，其实就是对账号的点赞量、粉丝量和视频内容等进行分析，以对营销方式提出修改意见，如下例所示。

范例借鉴

某抖音播主一直在兢兢业业地营销自己的视频内容，不过却一直没有什么起色，该播主决定反思自己的经营情况，于是为自己接下来的营销活动制作了复盘计划。为了给自己引流，其打算请一个抖音"大 V"来为自己做宣传，合作拍摄视频，并对视频的数据、评价和涨粉数 3 个方面进行复盘。

复盘的结果如下所示。

总成本：3 万元。

视频点赞数：10 万。

销售量：视频同款服饰销售量达 2000 件。

营销方式：网红效应。

结果：关注度得到极大的提升。

可有突出亮点：刺绣元素备受好评。

发展方向：推出刺绣定制款。

在上例所示的营销活动中，该播主做了复盘操作，并确定了以后的发展方向，可见复盘的作用还是很大的。但复盘操作并不像案例中表现得那么简单，需要经过一系列的步骤才能完成复盘操作。

11.1.2　复盘的意义

在现代互联网营销中，复盘无疑是非常重要的，但是它为什么如此重要？为什么抖音播主也要学会复盘？复盘又能给营销活动带来什么呢？

抖音播主在抖音上发布视频推广自己或相关产品，就是为了获得流量，最终获得利益，但是很多播主都没有从专业的角度来看待这件事。很多播主把发布视频看作一件寻常事，而从复盘的角度来看，抖音播主就是营销经理，视频就是营销产品，只有管理好自己的产品，才有可能真正做好营销。

而营销管理的重点在于管理，管理就要播主学会对每一个项目进行总结，并对之后的活动有一定的风险预判，所以作为抖音播主一定要具备复盘操作的能力。而复盘能给我们带来以下 5 点好处。

- ➋ **吸取经验**：进行复盘，我们可以对以往的营销工作进行总结，找到问题所在，不断地改正自己的错误和疏忽，吃一堑长一智。
- ◆ **找到榜样**：将过去好的榜样和差的示范都罗列出来，作为之后营销的参照，以便作出更正确的决定。
- ◆ **获取灵感**：复盘虽然做的是反思工作，但是创作者也能从中获得灵感，通过逆向思维的方式找到新的创作思路。
- ◆ **增强团队凝聚力**：对于抖音营销的团队来说，定期进行复盘活动可以增强团队间的意见交流，使团队成员工作起来更加亲密、有默契。
- ◆ **策划未来发展**：通过复盘的总结，我们能够从中找到未来的发展方向，合理安排后面要进行的工作。

11.1.3 复盘的内容结构

复盘虽然是营销活动中常有的行为，但由于其并不是一项固定模式下的操作，因此复盘工作也不可能每次都成功，其会受到团队、市场等的影响。所以为了保证复盘的最终完成，抖音播主要熟悉复盘操作中包含的内容结构。尽管其结构内容可能各不相同，但是只要我们熟悉并找到其中的规律，就会变得特别简单。一般来讲，复盘的主要内容包括三大部分。

（1）营销现状

我们之所以要做复盘，就是想要发现并解决现有营销活动中的问题，使抖音营销更加高效，所以我们首先要对营销现状进行分析，至于如何分析，不同播主可设计不同的内容，具体可参考如图11-1所示的结构内容。

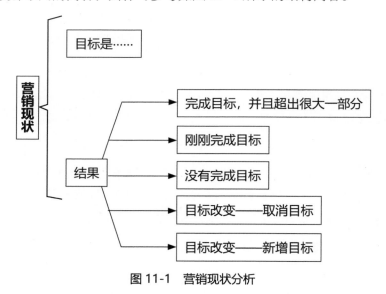

图 11-1　营销现状分析

（2）设计复盘内容

对营销现状有了基本分析后，就需对复盘工作制定目标。而有关复盘形式、复盘顺序和复盘执行情况的制定，还要通过团队或自我的规划，这是不能缺少的、非常重要的复盘结构内容，如图11-2所示。

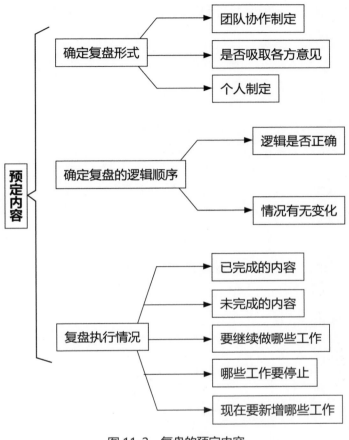

图 11-2　复盘的预定内容

（3）复盘报告

复盘报告就是对复盘的总结，这是对以后营销活动提出意见的环节，这部分的内容是不可或缺的，如图 11-3 所示。

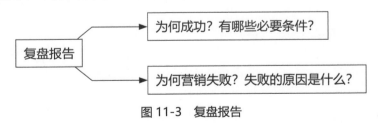

图 11-3　复盘报告

如何将复盘的结构内容通过书面形式展示出来，以备日后查看呢？有两种方法，一种是通过思维导图方式罗列要点，如图 11-4 所示。

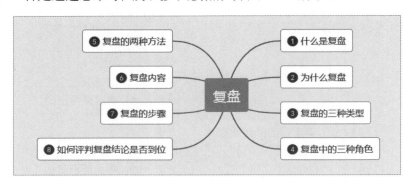

图 11-4　以思维导图方式罗列复盘要点

　　另一种是通过表格将内容分出详略，详细地记录重要的内容，如表 11-1 所示为抖音播主可使用的表格模板。

表 11-1　复盘的内容模板

主题		时间	
视频内容概述			
1. 回顾目标	2. 评价结果	3. 分析原因	4. 总结经验
初衷：	优点：	成功因素：	重点发现：
目标：	不足：	失败因素：	工作计划：

11.2　复盘的流程

　　复盘能够科学地帮助抖音播主改善自己的营销方式，但复盘不是一件简单的事，需要逐步达成。复盘的步骤也不是固定的，可以分为 4 步、6 步和 8 步，常见的六步流程如图 11-5 所示。

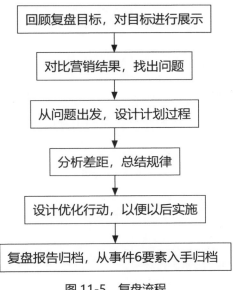

图 11-5　复盘流程

　　下面根据复盘流程，对其中重要的步骤进行详细介绍，以便抖音播主更好地做好复盘的每一步操作。

11.2.1　确定目标问题

　　目标是复盘操作的开始，无论什么活动，确定了目标就成功了一半。而目标不明确是很多抖音播主面临的最大问题，如下例所示。

范例借鉴

　　某抖音播主是做旅游攻略的，但是发了几个视频后，发现播放量和点赞量都只有几百，这样下去无法顺利营销自己。于是该播主决定对自己的营销进行复盘，不过在第一步的时候就被难住了，现阶段应该给自己制定怎样的营销目标呢？

首先她分析了自己的营销现状——关注度不够，所以当前她的目标是提高自己的关注度。虽然有了大致的目标，但这个目标不够具体，还需要进一步剖析，提高关注的具体方式有以下几点。

1. 提高视频内容的质量。

2. 通过现有评论进行整改。

3. 通过抖音推广账号。

根据以上 3 个方式，该播主进一步分解了自己的目标，提出了几个切合实际的目标。

1. 每天仔细浏览分析 3 个左右的旅游攻略账号，列出其视频特点。

2. 罗列评论意见，找出合适的建议。

3. 为最近发布的视频购买"DOU+"服务。

这 3 条目标都是难度较小且能够达成的，该播主将其定为初步目标，在进行复盘时，再随时修改。

上例是个人播主自己制定复盘目标，对于团队营销来说，在制定目标的时候还容易遇到以下问题。

◆ 谁最终确定目标？

◆ 谁负责跟进目标？

◆ 目标最终的考核标准是什么？需不需要数字化？

这一系列的问题归总起来，就是我们在设置目标的时候容易面临的几大误区，具体如下所述。

目标不明确。这个问题导致的直接后果就是复盘结果的不明确，更不用说后续的优劣分析和报告归档了。解决这个问题的最佳办法就是分解目标，列出自己想要达到的几个大目标，采用 SMART 原则，得到符合操作标准的目标。
如图 11-6 所示为分解目标的步骤。

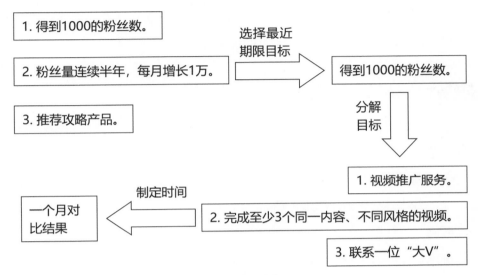

图 11-6　分解复盘目标的步骤

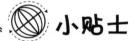

SMART 原则（S=Specific、M=Measurable、A=Attainable、R=Relevant、T=Time-bound）是为了方便工作，让工作目标更明确，让后续管理更科学、规范而提出的管理手段。无论是团队还是个人的工作目标都要符合该原则，5 个原则缺一不可。

S 代表具体 (Specific)，指目标要具体，不能笼统。

M 代表可度量 (Measurable)，指目标是数量化或者行为化的，验证这些目标的数据或者信息是可以获得的。

A 代表可实现 (Attainable)，指目标在付出努力的情况下可以实现，避免设立过高或过低的目标。

R 代表相关性 (Relevant)，指目标与工作的其他方面是相关联的。

T 代表有时限 (Time-bound)，注重完成目标的特定期限。

团队无共识。 对于团队营销来说，制定营销活动的目标可能会面临队员之间意见分歧，没有定论，所以会在前期耽误大量的时间。只能通过会议形式、投票机制及选择最佳决策人来解决团队争议。

缺乏目标规划。目标规划与目标分解是联系在一起的，有了目标分解，接下来就是对相关分支目标进行规划了，这是必不可少的操作。

11.2.2 对结果进行评估

经过一段时间的营销后，就到了对营销结果进行对比、评估的阶段，这可从以下两个方面入手。

一是与原计划目标进行比较，最终对是否完成目标得出"Yes"或"No"的结果，具体可从 3 个标准来评估。

时间。将计划时间与完成时间进行对比，看是提前完成还是准时完成。

进度。将完成内容与计划内容进行比对，计算完成比例，看是 100% 完成，还是只完成了 60%、80% 等。最好利用表格来帮助我们进行分析，如表 11-2 所示。

表 11-2　计划内容完成情况模板

计划营销内容	完成打"√"
1. 与同类型抖音账号建交。	（√）
2. 提出不少于 5 个视频创意设计。	（√）
3. 完成 100 的产品销量。	（√）
4. 发布 3 个视频内容。	（√）
5. 组建粉丝群。	（√）
完成率	80%
备注：	

质量。按照计划的标准对完成的项目进行打分，得出是"合格"还是"优秀"。

二是对得出的结果进行评估、分析，主要是查看结果是否有误、是否客观。

在对营销结果进行评估的过程中，可能会遇到以下两个问题，如果陷入这这些误区，可能会影响我们最终的复盘效果，所以抖音播主一定要尽快克服这些问题。

首先，很多播主进行复盘的时候，很难面对自己的不足，所以对结果中令人不满意的地方容易避而不谈，只重视做得好的地方。这样一来，就使复盘工作丧失了原本的意义。所以播主最好克服自己的畏难情绪，正视结果中的不足。

其次，对于有团队的抖音播主来说，可能会出现团队中的每个人都对结果有不一样的看法，对结果的标准也有不一样的衡量尺度。这时候就要在团队中选出 2 ~ 3 个有决策权的人，收集多方意见，最终整合出比较完整的评估结果。

11.2.3　找出复盘计划的成败原因

在比较结果后，接着就要对计划结果进行成败原因分析。如果结果达标就要分析成功的关键因素，如果不达标就要分析失败的关键因素，如表 11-3 所示。

表 11-3　分析成败因素

关键因素	具体内容
成功因素	①主观原因：如视频剪辑、内容选择等 ②客观原因：平台资源、发布时间等
失败因素	①主观原因：自身哪方面不足，哪些没有做到位，有哪些低级错误等 ②客观原因：外部资源不到位，哪些突发事件未预料到等

要进行成败原因分析，我们可以借助一些分析方法，以便高效地得到有价值的分析结果。

（1）善用表格

表格比起文字多了几分条理性，所以非常适合用来做时间、原因和背景等的分析。通过表格的分条列示，我们能够逐条选择并判断正误，如表 11-4 所示为主要原因分析模板。

表 11-4　主要原因分析模板

计划名称			计划期限	
分析时间		分析内容		
序号	原因罗列	判断	基本情况介绍（选择"是"时填）	
1		是□ 否□		
2		是□ 否□		
3		是□ 否□		
4		是□ 否□		
5		是□ 否□		

主要原因被锁定后，就可通过表 11-5 所示的模板分析根本原因了。

表 11-5　根本原因分析模板

序号	一级原因	二级原因	三级原因	具体内容
1				
2				

（2）鱼骨图分析法

鱼骨图又名因果图，是指一种发现问题的"根本原因"的分析方法，其特点是简捷实用，深入直观。它看上去有些像鱼骨，如图 11-7 所示。问题或缺陷一般标在"鱼头"处，在鱼骨上长出鱼刺（分支），上面列出产生问题的可能原因，有助于说明各个原因之间是如何相互影响的。

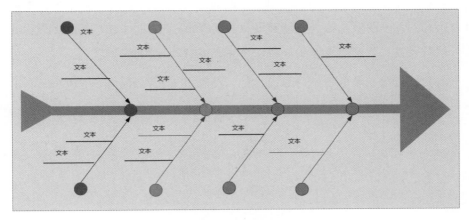

图 11-7　鱼骨图

使用鱼骨图分析法不是将可能的问题因素全部堆砌在图上，而是要有选择、有分类地操作，如图 11-8 所示为鱼骨图分析法的操作步骤。

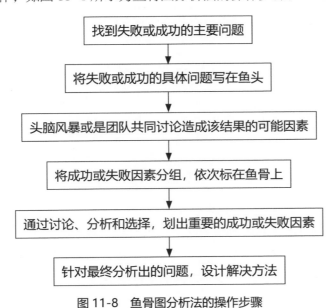

图 11-8　鱼骨图分析法的操作步骤

下面我们通过一个案例来真正了解鱼骨图分析法并正确使用。

范例借鉴

某抖音播主在进行营销复盘时，通过过去 3 个月的营销，其计划的各指标都未达标，最严重的问题就是播放量仅仅为 1000，离计划的 1 万播放量差距甚大，该抖音播主便使用鱼骨图分析法来寻找关键的原因。

首先进行播放量未达标的原因分析，整理出下表内容。

目标	关键因素	下一级因素
视频播放量达到 1 万	账号权重低	1. 前期视频普通 2. 发布时间不规律，有一段时间的空白期 3. 搬运过他人视频
	没有定位	1. 内容没有定位 2. 人物没有人设
	内容创意不够	1. 与热搜不挂钩 2. 内容重复性高 3. 模仿他人的痕迹重
	创作工具普通	1. 拍摄只有手机 2. 没有灯光 3. 特效用得不多 4. 没有使用剪辑 App

经过整理，该抖音播主画出了相应的鱼骨图，如图 11-9 所示。通过鱼骨图分析，该抖音播主将主要因素、下一级因素和分支因素都进行了展示，再根据主次，得出了几个主要的原因，即视频主要元素不够、前期视频普通和没有利用热搜。

接下来，该播主就这些问题制订了详细的计划来更改营销的策略。通过鱼骨图分析我们可以知道，每个因素都应该具体化，这样才有指导意义，所以不断细化、量化成败因素，才有助于后期解决问题。

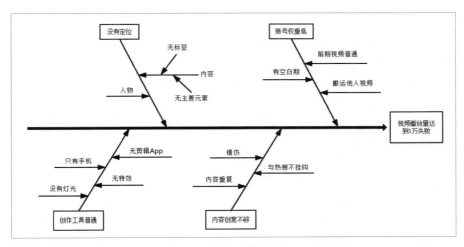

图 11-9　鱼骨图分析播放量不达标的原因

在分析原因的过程中，可能有一些常见的误区干扰抖音播主，所以抖音播主应该要了解这些误区，并尽量避免。

分析停留在表面。 无论营销结果是成功还是失败，背后的原因一定不是那么简单，可能涉及多方面的问题。很多播主因为畏难情绪的干扰，所以不愿花费精力深入探究具体原因，而仅停留在表面，对其进行复盘没有丝毫帮助。因此，最好利用各种分析方法及工具。

推脱责任。 在有团队的抖音账号营销中，可能容易把找出原因误认为一种指责，导致团队中很多人没有把精力放在寻找原因上，而是忙着推脱责任，或是指责他人。这就要求决策者一定要让员工了解复盘的真正意义，并首先找自己的原因，以免最后一无所获。

杂乱无重点。 分析原因最怕的就是杂乱无重点，首先要分主次，其次要分深浅，不用每个原因都分析得很深入，否则很可能是费时费力，不利于后期做计划。播主应该找到主要问题，就指定问题深入分析，效果更明显。

11.2.4 总结经验以优化自身

分析了成败的原因后，下一步就是总结经验和规律，并以此改进自己的营

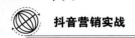

销计划。在总结经验的过程中，我们主要做的工作有以下 5 点。

- ◆ 总结优势和值得继续运用的营销手段。
- ◆ 由此次计划结果总结营销规律，制作视觉化的结构图。
- ◆ 归总失败原因，设计改进措施与时间计划。
- ◆ 列出不宜继续的方法 / 视频内容，暂停或结束。
- ◆ 列出可继续操作的方法 / 视频内容。

在总结经验的过程中，抖音播主可能会面临以下 3 点问题。

（1）忌"急"

在进行经验总结的时候，播主应该稳重、仔细，而不是简单地分析一下就得出结论，这样只会让复盘操作功亏一篑，使前面的操作变成"无用功"。所以在总结的时候不要心急，多思考结论是否经得起推敲，是否适用于其他一些情境。

（2）总结混乱

团队总结时，最易出现互相总结、含混不清的情况，最好指定 1～2 个人进行总结，并且只做总结，不做其他的工作，比如找责任人等。这样才会使团队更看重之后的工作，而不是沉浸在现阶段的失误中，更不会影响团队人员的互相合作。

（3）无后续行动

总结并不是复盘工作的结束，而应该看作复盘的开始，所以总结经验最怕仅仅停留在总结经验上。抖音播主应该着眼于以后，对于营销方案的改进应该更重视。

只有通过执行详细清晰的后续计划才能使我们的复盘工作落到实处，包括下一步开始做什么、之后的重点是什么、之后的人员分工是怎样的以及哪些是需要调整的地方等。

变现才是抖音营销的最终目的

第12章

抖音播主在抖音平台上进行营销的最终目的是获得变现收益，而如何将流量转化为实际的收益是一件技术活，需要一些技巧才能做到。常见的变现方式有广告变现、IP变现、知识付费和电商变现，利用这4种变现方式，播主就能达到自己的变现目标。

➤ 将视频与广告结合起来   ➤ 最好的广告是直接展示产品

➤ 用户体验是最好的广告   ➤ 推广周边产品

➤ 版权盈利也很可观   ➤ 推出付费课程

➤ 一键关联电商平台

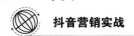

12.1 广告变现的技巧

在抖音上营销能获得巨大的流量，而获得巨大的流量就有可能将流量变现，实现营收。事实上，抖音上月入几万元的人是非常多的，这些播主仅仅是粉丝量多吗？不一定，很多粉丝数十万的播主却没有实现收入的增长，其原因在于他们不懂变现的方法和技巧。

那么对于一些经过营销得到一批粉丝的播主来说，该怎样利用自身的流量获得收入呢？现在，在抖音上有几种普遍的变现模式，抖音播主应根据自身情况选择最适合自己的变现方式。

12.1.1 将视频与广告结合起来

广告可以说是最常见的一种变现方式，企业账号可以直接通过视频营销自己的产品，而个人播主也可以通过自身流量接到广告并得到广告费用，作为收入的一种。广告变现的形式有很多，但主要有以下3种类型。

（1）为别人打广告

为别人打广告的变现方式只适合自己没有具体营销产品的账号，而商家也是看中了抖音账号的粉丝和流量，所以想要合作推广。一般来说，商家会选择与自己产品相符的账号来推广自己，比如会选择女性播主推广化妆品，选择技术流账号推广相机、音响等设备。

为别人营销产品，一般要为推广的产品制作相应的视频，并设计相关的文案，文案越有创意，广告效果就越好。通常不推荐直接出现联系方式之类的硬性广告，可以选择视频贴片、情节设计、产品使用、互动贴纸以及发起挑战等方式巧妙推广，而不同类型的账号其推广的形式又有所不同。

垂直类账号由于其账号定位清晰，粉丝需求明确，所以备受广告商的青睐，尤其是在化妆品、美食、知识和技术等领域的播主极有可能得到广告变现的机会。在自己的视频中直接植入广告，也会得到粉丝的认可，如图12-1所示。

图 12-1　垂直类账号广告变现

图 12-1 所示为某测评账号植入的一个广告，由于该测评账号经常测评化妆品有害物质、真货和假货等，其粉丝质量较佳，粉丝画像也非常清楚，即对安全性非常看重，所以其文案主打"安全日化用品"，为一款洗面奶做了推广。

除了垂直类账号以外，搞笑类账号和技术类账号也有广告变现的市场，广告商一般看重的是这两类账号的创意，播主只需将广告融入平常的视频中即可，如图 12-2 所示。

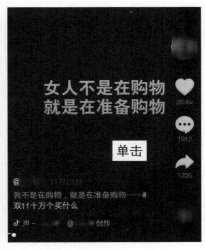

图 12-2　其他类型账号广告变现

图 12-2 左图所示为技术类账号所接的广告，通过特效的使用，将双十一与心愿（礼物）结合起来，为双十一做了一次推广，这并不是通常意义上的产品，所以更需要技术的支持。

图 12-2 右图所示为搞笑类账号所接的双十一广告，视频从文案来吸引粉丝，以求让粉丝不产生排斥心理，更能接受广告。该广告的文案是"女人不是在购物就是在准备购物"，通过调侃手法将近期网络流行的"梗"融入广告推广中，巧妙地为购物节做了推广，还能娱乐粉丝。

（2）做自己的广告

除了接广告将流量变现，自身有产品的播主还可以自己打广告，增加销量，以此获得收益，如图 12-3 所示。

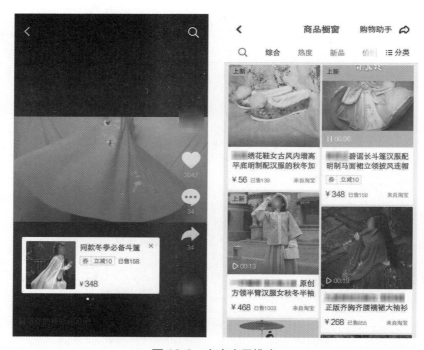

图 12-3　自家产品推广

图 12-3 所示的抖音账号是一家汉服店，其平时会发布一些古风视频吸引

粉丝，隔一段时间会发布一则广告销售自己的汉服。该播主拥有自己的商店，每一个推广的产品都可以在商店橱窗内找到，形成了广告变现的一条产品链。

（3）抖音 pick 计划

除了抖音账号之间的商业合作之外，抖音官方平台还推出了 pick 计划。有一定粉丝量的抖音达人会收到官方邀请参与 pick 计划，通过专门的运营让播主了解广告商的需求，播主按要求植入广告，就可获得一定的报酬。

12.1.2 最好的广告是直接展示产品

通过打广告的方式来变现是很多抖音播主的一大收入，不管是为别人打广告，还是为自己打广告，广告要有技巧才能达到好的效果。如果要推销某品牌的产品，最好是将品牌植入视频中，既能展示品牌的功效，又能让用户记住品牌，如图 12-4 所示。

图 12-4 植入品牌的广告效果

图 12-4 左图展示的是某品牌的破壁机，该播主直接发布了使用此款破壁机的视频，将其基本功能展示了出来，并且将品牌的 logo 展示了出来，是一个比较直观的广告。

而图 12-4 右图与左图有异曲同工之妙，通过拍摄做饭的视频，自然地将拌饭酱加入进去，并在结束的镜头中展示拌饭酱的品牌，既发布了广告又有温馨的感觉。可见利用抖音平台天然的优势，将品牌植入视频中是最常见的一种方式，并且适合各类播主，就算不是搞笑类或技术类的播主，也能利用这种方式获得广告变现的机会。

12.1.3 用户体验是最好的广告

有了网络以后，很多用户都会在社交平台上发布自己使用产品的体验，使很多用户不再依赖广告商的推广来选择产品，而更看重用户体验，加之许多用户体验可以在网络上直接获得，所以展示用户体验成为广告的一种形式，如图12-5 所示。

图 12-5　用户体验式广告效果

图 12-5 是某专做民宿、酒店推广的抖音视频，该账号以寻觅环境优美、创意十足的民宿或酒店为主要运营内容。一方面向关注者推荐全世界好玩的民宿和酒店以获得人气，另一方面也垂直推广某些酒店或民宿以获取广告变现的收入。

该账号的广告文案以住客的角度来编写，将用户体验当作宣传的点，毕竟住宿的地方最重要的就是舒适，而住过的人最有发言权，也能打动更多的人。并且"视频 + 文案"的模式能将住客的实际体验展示出来，视频与文案互相影响，展现酒店环境的同时更具真实性。

12.2　了解 IP 衍生变现

IP 的概念在近几年一直很火，而在抖音营销上除了通过塑造个人 IP 推广自己以外，很多播主还利用 IP 衍生变现。不过利用 IP 衍生变现不是一件容易的事，我们首先应该对 IP 衍生变现有一些基本的了解。

在 IP 开发和变现的操作上，迪士尼堪称经典案例，只要了解了迪士尼是如何开发自己的 IP 的，就能对 IP 衍生变现有大致的了解。

范例借鉴

迪士尼，英文简称"DISNEY"，由创始人华特·迪士尼于 1923 年创立。主要业务包括娱乐节目制作、主题公园、玩具、图书、电子游戏和传媒网络。1926 年，华特正式成立"华特迪士尼制作公司"，在随后的几年里创作了令人叫绝的几部动画电影，并获得了不俗的成绩，成了一系列经典动画电影的制作公司，包括"米老鼠系列"和"童话公主系列"。

而在 1955 年，迪士尼把动画片所运用的色彩、刺激和魔幻等表现手法与游乐园相结合，并推出了世界上第一个现代意义上的主题公园——洛杉矶迪士尼乐园。随后，加州冒险乐园也于 2001 年开放。

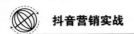

迪士尼一边将动画电影的经典形象与主题乐园相结合，一边开始不断收购和并购其他电影公司，包括米拉麦克斯影业公司、皮克斯动画工作室以及漫威漫画公司等，并通过收购公司的方式获得了很多经典角色的所有权。

从动画电影出发，迪士尼手表、服饰、箱包、家居用品、毛绒玩具和电子产品等多个产业都在迪士尼 IP 的衍生下获得不菲的收益。2019 年 10 月，Interbrand 发布的全球品牌百强中迪士尼排名第 10 位。在美国的电影制作行业中，很多老牌电影公司破产或者被收购，只有迪士尼依靠 IP 运营不断走向顶端。其运营的方式不仅限于电影行业，而是形成一个完整的"电影 + 周边 + 娱乐地产"的 IP 形态。

一个整体的、成熟的 IP 形态是循环作用的，从内容开始，不断创造经典角色，通过线上线下打开各个传播渠道，获得传播收益，包括付费观看、周边产品和主题公园等，多种方式实现最后的变现。以《玩具总动员》为例，该部影片的票房超过 10 亿美元，而上映后的游戏开发、图书产品及 DVD 售卖等为迪士尼带来了近百亿美元的收入，可见 IP 变现的巨大利润。

从迪士尼的发展来看，我们可以了解 IP 衍生变现的具体内容和效益收入，也可以理解为什么越来越多的人开始注重 IP 营销。不过在抖音平台利用 IP 衍生变现也有一定的局限，不是任何类型的账号都能实现 IP 衍生变现，一般来说，文创产品更容易变内容为 IP，并得到衍生收益。

而抖音上的 IP 衍生变现方式主要有两种，一种是推广周边产品，另一种是通过 IP 版权盈利。

12.2.1 推广周边产品

"周边"以前是指动漫相关产品，而现在"周边"的范围扩大了，指文创、商业品牌的衍生产品。其以品牌概念为载体，对其周边的潜在资源进行挖掘，包括以品牌为核心的玩具、食品和饰品等实物，同时也包括音乐、图像和书籍等文化产品。

　　这些不同形式的产品，构成了一个庞大的产业链，为商家带来产品以外的丰厚利润。入驻抖音的品牌可以在抖音上积极地推广自己的周边产品，最终实现 IP 衍生变现。而在品牌 IP 衍生变现上主要存在两种模式，第一种是文创产品，是将创意变成真实的产品；第二种是在原有产品的基础上进行创意开发，获得额外收益。

（1）文化创意变成实际产品

　　文化创意的形式有很多种，如电影、电视、动漫和图书等，这些文创产品塑造的人物形象、卡通形象和经典器物等都可以加以利用，制作成玩偶、玩具等，从而获得收入，如图 12-6 所示。

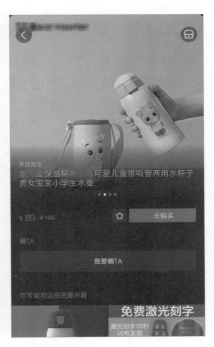

图 12-6　动画角色同款水杯

　　图 12-6 所示为某卡通视频账号发布的内容，其中除了主要的卡通形象之外，还展示了与产品联名的同款水杯，水杯的图案设计与卡通形象完全一致，是动画视频的一种延续和衍生。从图 12-6 右图可以看到该款水杯售价 89 元，我们可以直观地感受到卡通视频的创意是如何转变为真正收益的。

当然这并不是一件容易的事，进入该账号的主页可以看到其所有的视频内容都有同一个卡通形象，通过打造独有的卡通形象，让与该卡通形象相关的内容都富有了传播性，这也是文化创意变现的前提。

（2）产品创意演变

对于实际的品牌产品，如食品、服饰、生活用品和箱包等也可以开发其周边产品，实现 IP 衍生变现，其主要是利用品牌的知名度发展出"衍生款"，如图 12-7 所示。

图 12-7　衍生创意产品

图 12-7 左图所示为某辣条品牌发布的一段视频，视频中最主要的元素是与该品牌相关的抱枕、棉被、眼罩和枕头，这些周边产品与品牌包装的图案和文案一样，是该品牌产品的文化衍生物。而视频一经发布，就引起了很多消费者的兴趣，纷纷在评论区留言，询问在哪里可以买到，如图 12-7 右图所示。

可见，无论什么产品，只要其有了知名度，并形成一种文化氛围，就能生产出周边产品，实现 IP 衍生变现。

12.2.2 版权盈利也很可观

版权变现是指通过将有版权的内容向他人授权而获取相应的收益。在商业上，最常见的就是一些畅销小说被改编成影视剧，小说的创作者可以通过授权电影、电视而获得制作公司的版权费用，如下例所示。

范例借鉴

2019 年 12 月，盛大文学以近 1000 万元的价格将 6 部小说的影视及舞台剧版权卖出，单本价格超过 100 万元，其中《史上第一混乱》和《鬼吹灯》的单价更是高达 200 万元。

网络文学受到大众关注和喜爱的同时，也收获了成千上万的读者，所以近年来网络文学版权改编炒得非常火，"一次生产，多次利用，全版权获利"的文化产品模式成为市场主流。这其中，盛大文学小说售出的影视剧版权已经超过 130 部，由不同的影视制作公司购得，通过网络小说改编了多部畅销影视作品，将网络小说的火爆引到了电视领域。

从盛大文学的案例我们可以知道现在 IP 的火爆，版权盈利非常可观，以前在网络小说还非常小众的时候，影视改编权的价格大致在 20 万～30 万元，现在很多小说的版权价格能达到百万元，给很多创作者带来不小的激励。

从案例中我们可以了解现在市场中，通过版权获利的主要是网络小说领域。不过随着抖音短视频的兴起，短视频带来的流量越来越受到商业重视，所以一些成熟的短视频团队会定期制作一些精品视频，并获得极大的流量和关注度，在此基础上给了创作者版权盈利的机会。

一些流量很大又富有创造力的视频，其他播主转发或是在其他平台播放，都需要给创作者一定的授权费。而对于专业的创作团队，或是视频质量稳定的创作者，还可以获得创作者补贴授权，得到抖音平台的补贴。

抖音官方平台对某些账号有补贴政策，即 Link 计划，现在又称"抖音作品分成计划"。该计划是抖音帮助账号进行内容变现的组件，播主可以自行选择视频授权给抖音，抖音即可为视频添加适合展示的组件，创作者就能获得视频授权的收益。

不过，目前来说播主处于被动位置，想要申请加入 Link 计划只能通过抖音官方平台主动邀请，获得认可后才能加入。当然我们也可以积极参与"抖音小助手"推送的抖音挑战赛，如果参与的视频能上热门并获得巨大流量，则抖音可能邀请你加入 Link 计划。

Link 计划的收益可观。抖音一般会通过所添加组件的视频量、播放量和互动量来评估视频授权收益。具体的收益示例如图 12-8 所示。

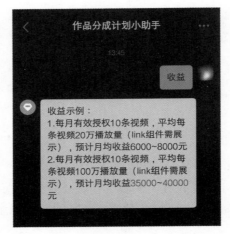

图 12-8　"抖音作品分成计划"收益示例

由图 12-8 可知，账号每月授权的视频量要达到 10 条，授权收益的多少根据播放量来评估，播放量越高收益就越高。所以播主想要获得更高的版权变现，就要努力提高视频质量，争取上热门的机会。

12.3　其他变现方式

互联网产品变现的方式有很多种，较为常见的有广告变现、IP 衍生变现，而除此之外，因为知识付费概念的兴起，很多播主在互联网上销售有用的知识或技能，并收取一定的费用，这也是内容变现的一种手段。

12.3.1 ▶ 推出付费课程

由于现代社会的竞争力不断加剧，因此每个身处其中的人都有自己的焦虑，所以纷纷利用业余时间进行学习，不断地充实自己。所以知识付费的火热也随之而来，由于需求不同，因此知识付费的内容也有所差距。

那么，知识付费的内容是通过哪些模式获得变现的呢？常见的类型有图文或短视频，现在尤以短视频模式为主，而主要阵地就在抖音。只要播主发布的视频向大众分享了有用的知识或技能，就能获得相关用户的关注，当粉丝数量足够高、视频播放量足够多时，播主可以推出付费课程，得到一定的收入。

其实知识付费的模式是非常简单的，主要有以下 3 种。

一是通过内容电子化（电子书、录播课程）在抖音商店橱窗直接销售，如图 12-9 所示。

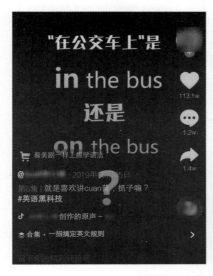

图 12-9　商店橱窗售卖课程

二是通过微信引流，将粉丝引到微信中，在微信内销售付费课程，如下例所示。

范例借鉴

某早教课程账号在抖音有超过 100 万的粉丝，其发布的视频都是开发孩子智力和语言能力的内容，如图 12-10 所示。

图 12-10　早教账号视频内容

图 12-10 所示的视频内容都与小朋友的英语表达学习、基本认知学习有关，简单而又有实际性的帮助，所以获得很多"宝妈"的关注。不过该播主并不在抖音上销售课程，而是在备注中留下自己的微信号，将粉丝引流到微信中。

如图 12-11 所示，很多用户在视频下方留言，该播主都将其引流至微信群中，并在个人简介上留下微信号，通过阶梯式的成交方式进行引流，该早教账号在 5 个月内销售了 3000 万元的课程，可见知识付费的获利不容小觑。

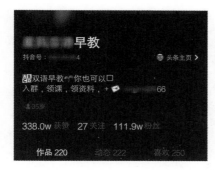 

图 12-11　引流到微信

三是直接通过抖音平台的信息流广告销售课程，如图 12-12 所示。

图 12-12　广告销售课程

图 12-12 所示为某网课账号在抖音上发布的广告，通过视频的文案链接可以直接进行网课报名。

当然，对于付费课程变现的操作，抖音播主需要注意以下两点内容。

◆ 销售线上课程时，课程单价不能随便设置，要知道价格越低，转化率越高。通常来说，课程单价设为 9 元、99 元更易售出，而如果超过 200 元，对普通用户的吸引力就没有那么大了。

◆ 抖音平台中比较受欢迎的网课有高中冲刺学习、早教学习、职场话语技巧和情商课等。

12.3.2 一键关联电商平台

抖音一直不断地发展流量变现的各种途径，并和淘宝合作，以便进行电商转化。现在抖音平台的电商转化已经趋于成熟，有多个入口可以一键关联电商平台，如下所示。

①视频文案中的购物车按钮。

②个人主页的淘宝官网链接。

只要点击相关入口按钮或链接就能跳转到淘宝店铺页面，从而向粉丝销售产品。如图 12-13 所示，进入某品牌账号的个人主页，点击"官网链接"，即可跳转到淘宝店铺，浏览店铺宝贝。

图 12-13 点击"官网链接"

点击看中的某款商品，进入商品详情页，点击"马上抢"按钮，即可跳转
到淘宝账户登录页面，输入账户和密码，点击"登录"按钮，消费者即可完成
电商平台的购买操作，如图 12-14 所示。

图 12-14　登录天猫购物平台

从上述的操作中我们可以了解到，抖音平台的电商转化变现是非常简单易
操作的，所以会吸引很多粉丝，播主完全可以利用这一点获得变现收益。